CRC Press
Taylor & Francis Group

工业
Industry
5.0

The Future of the Industrial Economy

[印]
乌泰扬·埃兰戈万 著
（Uthayan Elangovan）

陈 劲 肖轶群 译

机械工业出版社
CHINA MACHINE PRESS

本书讨了产品、流程、机器、软件和工业机器人在实现工业5.0中的整合。它涵盖了人类智能与机器智能的双重融合，并讨论了利用工业物联网和人工智能所取得的成果。本书还介绍了一种名为协作机器人的新型机器人，这种新型机器人旨在加快制造过程和提升盈利能力。书中还讨论了如何通过制造过程减少产品设计中的浪费，并为客户提供更个性化和定制化的产品。

制造行业、设计行业、工业和机械工程师及相关行业专业人士会发现在书中找到感兴趣的内容，管理人员、CIO、CEO、IT专业人士和学者也会在这本书中发现一些有价值的东西，这本书将工业4.0带到了工业5.0，甚至更高远的未来。

Industry 5.0: The Future of the Industrial Economy 1st Edition /by Uthayan Elangovan/ISBN：978-1-032-04127-8

Copyright © 2022 Uthayan Elangovan

Authorized translation from English language edition published by CRC Press, part of Taylor & Francis Group LLC; All rights reserved；本书原版由Taylor & Francis出版集团旗下CRC Press 出版公司出版，并经其授权翻译出版，版权所有，侵权必究。

China Machine Press is authorized to publish and distribute exclusively the Chinese（Simplified Characters）language edition. This edition is authorized for sale in the Chinese mainland (excluding Hong Kong SAR, Macao SAR and Taiwan). 本书中文简体翻译版授权由机械工业出版社独家出版仅限在中国大陆地区（不包括香港、澳门特别行政区及台湾地区）销售。

Copies of this book sold without a Taylor & Francis sticker on the cover are unauthorized and illegal. 本书封面贴有Taylor & Francis 公司防伪标签，无标签者不得销售。

北京市版权局著作权合同登记　图字：01-2022-5748号。

图书在版编目（CIP）数据

工业5.0 /（印）乌泰扬·埃兰戈万（Uthayan Elangovan）著；陈劲，肖轶群译.— 北京：机械工业出版社，2023.12
（驱动力丛书）
书名原文：Industry 5.0: The Future of the Industrial Economy
ISBN 978-7-111-74401-6

Ⅰ.①工… Ⅱ.①乌… ②陈… ③肖… Ⅲ.①制造工业 – 研究 Ⅳ.①F416.4

中国国家版本馆CIP数据核字（2023）第225999号

机械工业出版社（北京市百万庄大街22号　邮政编码100037）
策划编辑：李新妞　　　　　　责任编辑：李新妞　坚喜斌
责任校对：张亚楠　王　延　责任印制：张　博
北京联兴盛业印刷股份有限公司印刷
2024年1月第1版第1次印刷
169mm×239mm·15印张·1插页·138千字
标准书号：ISBN 978-7-111-74401-6
定价：88.00元

电话服务　　　　　　　　　网络服务
客服电话：010-88361066　机　工　官　网：www.cmpbook.com
　　　　　010-88379833　机　工　官　博：weibo.com/cmp1952
　　　　　010-68326294　金　书　网：www.golden-book.com
封底无防伪标均为盗版　机工教育服务网：www.cmpedu.com

致我的父母，

埃兰戈万·拉贾卡尼（Elangovan Rajakani）

和坎曼尼·埃兰戈万（Kanmani Elangovan），

他们教导我在学习和接受教育的荣耀之外，

更重要的是自制力这一宝贵品质。

丛书序

科技创新是企业的一项重要活动，对实现"产品卓越、品牌卓著"具有重要的作用。科技创新又是一项充满失败风险的活动，只有少数新技术能够被成功地转化为新产品及服务，并实现真正的价值创造。正如哈佛商学院杰出的管理学者坎特所揭示的，许多企业在提出加强创新工作的豪言壮语后并没有获得预期的效果，其主要原因是战略不当、新业务和传统业务冲突、管理流程控制过严以及领导力和沟通氛围不佳。所以，一方面创新是企业竞争力之源，另一方面科技与创新管理不同于常规的经营管理，其过程困难重重而且充满风险，极易面临克里斯坦森式的"创新困境"。企业需要掌握更为先进的管理知识及一整套的更精致的管理技巧，如战略与技术管理的融合、二元型组织的建设、创新管理体系的规划与落实等。

党的二十大报告指出，强化企业科技创新主体地位，发挥科技型骨干企业引领支撑作用，推动创新链、产业链、资金链、人才链深度融合。驱动力丛书以党的二十大精神为指引，以"国际经典 + 本

土原创"两个细分产品品类组合形成高水平成果。第一阶段以引进版为主，围绕"科技管理"主题，系统引进、翻译国外科技管理领域的经典著作，不断向广大读者推介科技管理这一领域的优秀成果；之后第二阶段以本土原创精品为主，体现中国自主的科技与创新管理的研究成果与最佳实践，进一步促进经济高质量发展，推动现代化产业体系建设，培育世界一流创新企业，形成源自"科技与创新管理"理论与方法体系的强大驱动力。

陈劲

清华大学经济管理学院教授

教育部人文社会科学重点研究基地清华大学

技术创新研究中心主任

2023 年 11 月 15 日

前　言

　　在不同的工业领域，现代技术的创新和培育的速度大相径庭。技术一直在进步，生产必须同步发展以保持竞争力。虽然工业 4.0 仍然是许多制造业领军者的主要转型方向，但面向未来至关重要。在工业领域，物联网代表了一种高效的现代技术，推动了自工业物联网引入以来的大量改进，为不同行业的制造商提供了巨大的利益。本书旨在进一步探讨，中小型企业和原始设备制造商如何能够最好地利用工业 3.0 到工业 4.0 再到工业 5.0，以此增加流程和操作的有效性，减少非熟练劳动力的使用，而这必将催生比以往更具价值的制造任务，推动人机互动达到最优解。

　　我一直对产品生命周期管理和计算机集成制造的进步抱有热情。作为一名产品生命周期管理和工业物联网业务顾问，我有机会帮助制造企业优化它们的业务流程，找到解决方案，并帮助它们开始转

型之旅。因此，我觉得有义务与大家分享我的知识和经验。希望这本书提供的信息和专业知识能够唤醒商业领袖、产品设计和开发专业人士、制造商、工业自动化专业人士、IT 专业人士、顾问和学术界，让他们认识到，他们需要高生产效率、高质量和零浪费的制造生态系统。

希望你享受阅读本书！

致 谢

我要对见证这本书完成的人，对所有给予帮助和建议的人表示感谢！感谢执行编辑辛迪·勒妮·卡雷利（Cindy Renee Carelli），高级编辑助理埃琳·哈里斯（Erin Harris），我的出版商 CRC 出版社 / 泰勒和弗朗西斯集团：没有你们，这本书肯定不会在数字世界中占有一席之地，更不会呈现在世人面前。

我感谢乔尔·斯坦（Joel Stein）披露了这本书的撰写过程。

我要一一感谢我的朋友，也是参与设计构思过程的专家们——S. Palanivel, E.Srinivas Phani Chandra, A. Babu, K. Manikannan, V.Venkataramanan, V.Bhuvaneswaran, D.Gopinath, K.Gopinath, R. Selvaraj, E.Kamalanathan, N.Ganesh, S.Rajaprakash, P.Saravanan, A. Kalidhas 以及 P.Baskar。

我对我的父母、我的妻子萨兰雅·乌泰扬（Saranya Uthayan）、我的儿子乌·尼尔马达夫（U.Neelmadhav）、我的教授、好朋友、业务伙伴以及所有祝福我的人们表达最真挚的爱和感谢，没有你们，就不可能有这本书的问世。

图目录

图目录

缩略语表

ADAS　　　高级驾驶辅助系统（Advanced Driver Assistance System）

AGV　　　自动导引车（Automated Guided Vehicle）

AI　　　人工智能（Artificial Intelligence）

AM　　　增材制造（Additive Manufacturing）

AMS　　　航空航天材料规范（Aerospace Materials Specifications）

APC　　　先进过程控制（Advanced Process Control）

APQP　　　高级产品质量规划（Advanced Product Quality Planning）

AR　　　增强现实（Augmented Reality）

ASPICE　　汽车软件过程改进及能力评定（Automotive Software Process Improvement and Capability Determination）

BOM　　　物料清单（Bill of Material）

BPA　　　业务流程自动化（Business Process Automation）

BPM　　　业务流程管理（Business Process Management）

CAD　　　计算机辅助设计/绘图（Computer-Aided Design / Drafting）

CAE　　　计算机辅助工程（Computer-Aided Engineering）

CAM　　　计算机辅助制造（Computer-Aided Manufacturing）

CAPA	纠正行动与预防行动（Corrective Action Preventive Action）
CAx	计算机辅助技术（Computer-Aided technologies）
CFD	计算流体力学（Computational Fluid Dynamics）
CFT	跨职能团队（Cross-Functional Team）
CIM	计算机集成制造（Computer-Integrated Manufacturing）
CLFR	紧凑型线性菲涅尔反射器（Compact Linear Fresnel Reflector）
CNC	计算机数控（Computer Numerical Control）
CRM	客户关系管理（Customer Relationship Management）
CTQ	质量关键点（Critical to Quality）
CQI	持续质量改进（Continuous Quality Improvement）
DL	深度学习（Deep Learning）
DCS	分布式控制系统（Distributed Control System）
DFA	面向装配的设计（Design for Assembly）
DFE	面向环保的设计（Design for Environment）
DFF	面向制造的设计（Design for Fabrication）
DFM	可制造性设计（Design for Manufacturing/Design for Manufacturability）
DFMEA	设计失效模式与影响分析（Design Failure Mode and Effect Analysis）
DFR	可靠性设计（Design for Reliability）
DFT	测试设计（Design for Testing）
DFSC	供应链设计（Design for Supply Chain）
DFSS	六西格玛设计（Design for Six Sigma）
DFx	卓越设计（Design for Excellence）
DPA	数字流程自动化（Digital Process Automation）
DMADV	定义、测量、分析、设计和验证（Define, Measure, Analyze, Design and Verify）

DMAIC	定义、测量、分析、改进和控制（Define, Measure, Analyze, Improve, and Control）
DMT	缺陷映射工具（Defect Mapping Tool）
DOE	试验设计（Design of Experiments）
DRC	设计规则检查（Design Rule Checks）
EaaS	能源即服务（Energy-as-a-Service）
eBOM	工程物料清单（Engineering Bill of Material）
ECAD	电子计算机辅助设计（Electronic Computer-Aided Design）
EDA	电子设计自动化（Electronic Design Automation）
EMS	电子制造服务（Electronic Manufacturing Service）
EMS	环境管理系统（Environment Management System）
ERP	企业资源规划（Enterprise Resource Planning）
ESD	静电放电（Electrostatic Discharge）
ESG	环境、社会和公司治理（Environmental, Social, and Corporate Governance）
FMEA	失效模式与影响分析（Failure Mode and Effects Analysis）
FEA	有限元分析（Finite Element Analysis）
FEM	有限元法（Finite Element Method）
FDA	美国食品药品监督管理局（Food and Drug Administration）
GRN	收货通知单（Goods Receipt Note）
GPU	地面动力装置（Ground Power Units）
GSE	地面支持设备（Ground Support Equipment）
HMI	人机界面（Human‑Machine Interface）
IATF	国际汽车工作组（International Automotive Task Force）
ICS	工业控制系统（Industrial Control System）
ICT	信息和通信技术（Information and Communication Technology）
IDOV	识别、设计、优化和验证（Identify, Design, Optimize, and Verify）

IEC	国际电工委员会（International Electrotechnical Commission）
IIoT	工业物联网（Industrial Internet of Things）
IoT	物联网（Internet of Things）
IPA	智能流程自动化（Intelligent Process Automation）
IPC	电子制造业协会[⊖]（Institute of Printed Circuits）
IR	红外线（Infra-Red）
ISO	国际标准化组织（International Organization for Standardization）
IT	信息技术（Information Technology）
JIT	准时制（Just-In-Time）
KPI	关键绩效指标（Key Performance Indicator）
M2M	机器与机器的对话（Machine to Machine）
MCAD	机械计算机辅助设计（Mechanical Computer-Aided Design）
ML	机器学习（Machine Learning）
MES	制造执行系统（Manufacturing Execution System）
MSA	测量系统分析（Measurement System Analysis）
MDM	医疗器械制造商（Medical Device Manufacturer）
MRO	维护、修理和大修（Maintenance, Repair, and Overhaul）
MRP	物料需求计划（Material Requirements Planning）
MSD	湿度敏感器件（Moisture-Sensitive Device）
MVDA	多变量数据分析（Multivariate data analysis）
MVP	最小可行产品（Minimum Viable Product）
NC	数控（Numerically Controlled）

⊖ IPC 最初为 "The Institute of Printed Circuit" 的缩写，即美国 "印制电路板协会"，后改名为 "The Institute of the Interconnecting and Packing Electronic Circuit"（电子电路互连与封装协会），1999 年再次更名为 "Association of Connecting Electronics Industries"（电子制造业协会）。由于 IPC 知名度很高，所以更名后，IPC 的标记和缩写仍然没有改变。IPC 拥有 2600 多个协会成员，包括世界著名的从事印制电路板设计、制造、组装、原始设备制造商加工、电子制造服务外包的大公司，是美国乃至全球电子制造业最有影响力的组织之一。IPC 制定了数以千计的标准和规范。——编者注

NLP	自然语言处理（Natural Language Processing）	
NPD	新产品开发（New Product Development）	
NPI	新产品导入（New Product Introduction）	
OEE	总体设备效率（Overall Equipment Effectiveness）	
ODM	原始设计制造商（Original Design Manufacturer）	
OEM	原始设备制造商（Original Equipment Manufacturer）	
OCR	光学字符识别（Optical Character Recognition）	
PCB	印制电路板（Printed Circuit Board）	
PCA	印制电路组件（Printed Circuit Assembly）	
PCBA	印制电路板组件（Printed Circuit Board Assembly）	
PCA	流程控制自动化（Process Control Automation）	
PCS	流程控制系统（Process Control System）	
PDCA	计划、执行、检查、行动（Plan、Do、Check、Act）	
PDM	产品数据管理（Product Data Management）	
PEEK	聚醚醚酮（Poly Ether Ether Ketone）	
PESTLE	政治、经济、社会、技术、法律和环境因素（Political, Economic, Social, Technological, Legal, and Environmental factors）	
PFMEA	流程失效模式与影响分析（Process Failure Mode and Effects Analysis）	
PLC	可编程逻辑控制器（Programmable Logic Controller）	
PLM	产品生命周期管理（Product Lifecycle Management）	
PPAP	生产件批准程序（Production Part Approval Process）	
PVC	聚氯乙烯（Polyvinyl Chloride）	
PVCU	未增塑聚氯乙烯（Unplasticized Polyvinyl Chloride）	
QFD	质量功能展开（Quality Function Deployment）	
QMS	质量管理体系（Quality Management System）	
RCA	根源分析（Root-Cause Analysis）	

RF	射频（Radio-Frequency）
RFIC	射频集成电路（Radio Frequency Integrated Circuit）
RFID	无线射频识别（Radio-Frequency Identification）
ROI	投资回报率（Return of Investment）
ROV	价值回报率（Return of Value）
RPA	机器人流程自动化（Robotic Process Automation）
RPN	风险优先数（Risk Priority Number）
RTU	远程终端单元（Remote Terminal Units）
SCADA	数据采集与监控（Supervisory Control and Data Acquisition）
SCARA	平面关节型机器人（Selective Compliance Assembly Robot Arm）
SCM	供应链管理（Supply Chain Management）
SME	中小企业（Small to Medium Enterprise）
SMT	表面安装技术（Surface Mount Technology）
Solar PV	太阳能光伏发电（Solar Photovoltaic）
SPC	统计过程控制（Statistical Process Control）
SWOT	优势、劣势、机会和威胁（Strengths, Weaknesses, Opportunities, and Threats）
THT	通孔技术（Through Hole Technology）
TPS	丰田生产系统（Toyota Production System）
TCP/IP	传输控制协议/互联网协议（Transmission Control Protocol/Internet Protocol）
VR	虚拟现实（Virtual Reality）
VSM	价值流映射（Value Stream Mapping）
VTS	车辆跟踪系统（Vehicle Tracking System）
WCM	世界级制造（World Class Manufacturing）
WEEE	电子电气产品的废弃指令（Waste Electrical and Electronic Equipment）

目 录

第一章
工业转型

第六章
工业制造领域的
流程转型

第七章

**升级换代：工业
4.0 到工业 5.0**

Industry

The Future of the Industrial Economy

第一章

工业转型

地球村的制造业正处于巨大机遇的历史门槛上。在前沿科技创新的支持下，通过智能产品和智能制造，制造业务有望得到非凡的发展和转变。工业领域通过研究、设计、开发、制造和服务等复杂过程销售其产品。每个产品制造环节都面临独特的挑战，一个解决方案能适用于所有要求是不切实际的。制造业企业常年鼓励科技发展，并采取各种方法来改进它们的业务，从而不断寻求新的方法升级，以此超越竞争同行。

数字化预示着制造业的新范式，制造业设施被改造得更加现代化和先进。这引起了商业大亨们的担忧：新兴技术是否会控制未来工厂的制造生产线？在一个现代技术蓬勃发展的世界里，如果懂得因势利导，许多制造商将从自动化中获得很多好处。将自动化提高到一个新的水平可以成为制造业的一个巨大优势。先进的自动化可以帮助减少停工，降低生产成本，提高产品质量。

工业领域正在重塑其竞争格局，并进入一个增长、变化和孕育经济机遇的新时代。每个组织都要求自己的员工和机器在管理运营、设计产品并在全球范围内建立知识产权的同时，以更高的效率和熟练度完成工作。工业转型的最终目标是为客户实现更优的产品和服务质量。目前的业务系统，包括计算机集成制造（CIM）、产品生命周期管理（PLM）、企业资源规划（ERP）、制造执行系统（MES）、可编程逻辑控制器（PLC）、数据采集与监控（SCADA）系统以及工业物联网（IIoT），正在被采用以确保实现卓越用户体验、快速价值变现、信息整合和全球范围内的便捷获取。创新正在对从产品设计到制造的每个阶段的行为产生影响。

今天，制造业正在开发新兴创新技术或者将创新技术与现有技术相结合，以提高其效率和性能，这也是工业 4.0 的主导理念。密切评估商业要素非常重要，从客户关系再到外包选择等。机器人已经成为生产的中流砥柱，工业 4.0 的创新则为制造过程提供了更大范围的多样化。制造商还可以为其企业引入由新的自动化和人工智能助力的高效率，这预示着下一轮工业转型离不开新技术的采用、标准化与执行，同时也需要独特的组织架构，并不断与时俱进。

业务转型

业务转型是每个企业领导者为保持竞争力而采取的一项战略举措，它包括员工、流程和创新，以实现效率、业绩和客户满意度方面可量化的提升。不断进行调整的组织会以敏锐的洞察力为动力，通过转型重新设计自己的未来，转型是组织能力和身份的重大变化，以确保其能够提供有价值的成果，实现以前无法实现的目标。企业转型更多的是由组织的高度热情来定义的，它是当前和未来企业发展道路之间的一个重要空间。它代表了当前业务运营的一个根本性进步。对价值扩张的坚定承诺是一个有效指令，可以确定哪些工作将对企业转型路线带来最佳效果，也是了解其对投资者的潜在价值的有效指南。

> 苹果公司是成功的商业变革案例之一——苹果公司从一个计算机系统生产商慢慢进军客户设备领域。专家认为这一转变非常顺利。iPod 推出后，苹果公司从一个硬软件供应商转变为客户电子设备领域。随着 iTunes 音乐商店的发布，苹果公司成了一家媒体企业。
>
> （ *Guptaand Perepu, 2006* ）

对一个蓬勃发展的企业来说，服务改进需要一直朝着正确的方向迈进。正因为如此，企业转型的目的是要进入一个全新的市场领域，为企业增加产业价值，提高生产过程的效率，并充分利用可用的资源。每个制造企业的业务发展方向都不一样。这是因为每个企业都有自己的优势可以利用，也有自己的困难需要解决。企业转型之路绝非易事，因为它充满了挑战。无论转型的性质和目标是什么，所有企业都可以预料到变革的巨大阻力。为了成功转型，管理层必须敢于承担风险，必须坚定不移、一丝不苟地执行。企业转型的成功建立在企业适应战略变化的能力上，而战略变化往往由市场变化、破坏性需求和战术方向决定，管理层克服这些障碍的能力是关键的成功变量之一。转型过程示意图，如图1–1所示。

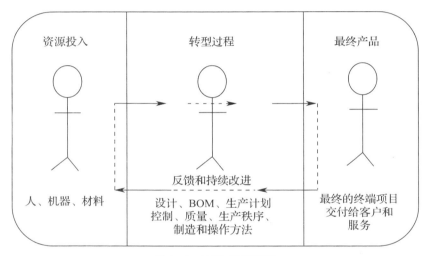

图 1–1 转型过程示意图

业务转型的关键要素

制造业需要将注意力从单纯为了生存转向寻求增长的新路径。在全球化和当今商业快速发展的背景下，没有速战速决的捷径来简化商业的复杂性。全球化已经使组织架构很难再简单化。今天的跨国企业拥有成千上万的员工、众多的组织伙伴和遍布全球的大量业务。采用适当的企业组织结构和运营模式是一场持久战。

有几个问题可以帮助制造业了解业务转型的必要性，具体如下：

1. 客户对你的产品和服务满意度如何？
2. 提升客户体验的不同方式有哪些？
3. 如何在当前智能、互联的竞争世界中繁荣发展？
4. 对技术的财务投资会如何改善体验？
5. 如何定义成功？

除非企业内部的个人进行转型，否则制造业不可能成功转型。大多数转型举措之所以失败，是因为企业过度强调转型有形的一面。企业内部的业务转型会影响对运营环境的监测，干扰文化规范，修改服务流程以及使得新兴现代技术资本化。工业领域的商业转型案例分为：组织转型、业务流程转型、技术转型和工业转型。

组织转型

组织转型是一种基本的、全企业范围的变革，它涉及公司如何运行、如何提升运营效率和熟练度。组织转型是一个统称，包含了重新设计、改造和重新定义组织系统等活动，组织转型是为了应对快速变化的需求，也是提高企业效率及可持续性的迫切需要，是企业领导层为了引导企业成功走向未来并取得预期成果所采取的措施。然而，如果企业发现其季度报告有延迟，那么可能面临一个更实质性的问题。由于每个企业都会经历发展和变化的周期，这是分析企业业绩以及为其未来准备战略计划的一个机会。企业需要的是采用一个帮助它们在整个组织中纳入和实施变革的备选办法。

> 谷歌通过发展高级部门实现了组织转型。研发部门处理如此多的项目，以至于高管层很难集中精力进行创新。谷歌所设计的可行性解决方案是将其拆分为几个业务实体，每个实体都有一个更细化具体的工作重点，与全新的母公司 Alphabet 相呼应。
>
> （*Alphabet 公司，2017*）

对这两个问题保持敏锐的洞察力，将有助于了解是否需要进行组织转型。变革通常由负责组织流程的 C 级高管推动。对于任何转型项目来说，取得成功的关键在于组织要正确判断现实问题，并采取必要的流程，在实施组织转型举措时不失重点。在必要时，组织转型需要为了顺应市场趋势和新兴技术而做出灵活的调整。只有当这些调整影响到终端用户，改变他们的行动，并且让高级主管们适应、接受全新的关注点时，这些调整才能长久。当组织愿意接纳概念，并且制定的调整与现有业务控制系统、文化能很好地结合时，组织转型才更可能做好。转型变革除了需要学习，还需有大幅度的提升。

企业参与者需要准确地找到制定新方案和执行新方法之道。无论组织转型程度如何，核心都是要进行组织成效与危机分析，以便让高级主管认识到有效执行调整工作中所需要的资源，并对调整给组织带来的影响了然于胸（见图 1-2）。

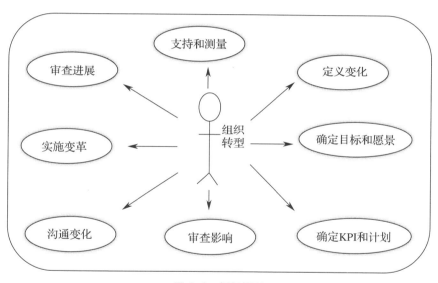

图 1-2　组织转型

业务流程转型

业务流程转型是对企业内部流程的彻底反思。它的重点是根据企业的战略目标和战术需要，将主要目的、衡量标准、信息、指标和创新进行头尾相接的布局，实现客户价值的显著提升。它需要对实现特定目标所需的行动进行评估，以努力减少重复冗繁的流程任务。固化一个流程不仅节省了时间，加快了投资回报和价值回报，更节约了资源。为了选择最佳的技术应用方案，识别最佳的替代方案以维持业务流程的转型需要和战略目标至关重要。主要来说，业务流程转型是由市场需求驱动的，需要尽可能多地实现流程自动化。

> 西门子在 2020 年愿景中概述了组织变革、重组，以及精心策划的从能源、商业制造到数字化的转型。飞利浦将其最亮眼的核心业务从发展迅速的医疗保健公司中独立出来，将自己转变为一家现代的医疗技术公司。
>
> （*Anthony et al., 2019*）

业务流程转型是转型过程中精心策划、有条不紊的延伸，可以获得可观的投资回报，从而在组织的效能上取得突破。无论企业变革的目标或性质如何，其目的终究是强化其在竞争市场中的关联性，以确保企业得以生存。因此，对企业来说，业务流程转型是一个有益的目标，也是企业内部任何重大、精心策划的变革的重要基石。可以说，它是每一种类型服务调整中的一个关键动作。在新冠疫情期间，一些转型风潮开始迅猛地加速。为了取得转型成功，不同工业领域的多家公司都面临巨大的压力，它们必须迅速调整自身的服务设计以适应这种急剧变化的市场条件。任何有效的业务流程转型的最大冒险是将其与一个次优的数据方法相对标。与组织转型一样，业务流程转型也需要谨慎的规划、明确的目标和自信的管理。业务流程的转型：企业资源规划的执行，如图 1-3 所示。

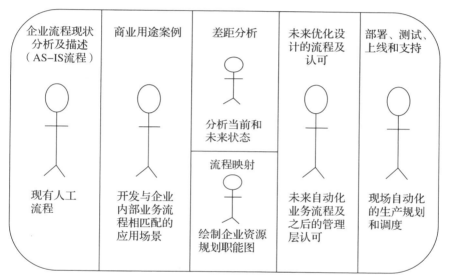

图 1-3　业务流程的转型：企业资源规划的执行

技术转型

在今天这个智能互联的世界里，技术转型是竞争性商业实践的重要组成部分。企业中使用的大多数工业应用系统都被创新公司的前沿技术进步吸引，以符合客户的期望。这些企业不断发展其内部信息技术生态系统，以求将危害最小化的同时提高业务的连贯性。工业 4.0 目前正在席卷各个工业经济领域，其方式类似于过去十年中大众传媒和通信对工业的影响。

　　每个工业领域的创新都支持创建所有新的数字化商业模式，同时提供了提升消费者体验和提高传统流程生产效率的重要保证。信息和通信技术革命正在改变传统行业，从而使成熟的生态系统发生改变和重大调整。先进创新对现代商业至关重要，可以说每一个大型制造业行业都需要走向这种转变以实现增长。技术改变了个人的工作方式，但它们并没有从根本上改变企业的运作方式。当然，技术创新本身可以成为大规模组织变革的驱动力。比如，员工之间的互动方式，以及企业与客户、合作伙伴和其他利益相关者的互动方式。新冠病毒的大流行增加了推动各领域企业技术转型的需求。企业越来越接受远程工作形式，并迅速定制它们的日常流程以适应新常态。

工业转型

　　工业领域正在不断增长和转型，在功能性能、安全保障、高品质和竞争优势之外，还寻求根本创新方法来增加货币性资产。其中一个主要关注点是在客户服务的各个阶段的信息交流。行业领导者经常激励他们的内部团体，提出最有效、最创新的方法，利用数字创新来改造他们的业务，提升价值链流程，并通过协同的工作环境更好地服务市场。有效的产业转型不仅需要创新，还需要转变新流程终端用户的思想。

工业制造转型

技术无处不在，并继续改变各行各业，特别是产品市场。产业要想保持竞争力，需要业务公司在技术开发上不断升级，这意味着制造服务需要清楚什么是最好的、什么是最前沿的创新，创新方法体现在选择材料以及将材料运用到制造的过程中，它将大幅降低制造过程的劳动强度，大大提高其安全性，从而提高运营效率。事实上，每天使用计算机和智能设备提高了企业绩效，住宅、办公室和生产装备都在利用智能手段进行管理，工业领域的转型轨迹正在逐步展开。对智能产品需求的激增，需要新的、巧妙的制造方法，许多生产商实际上已经进入了工业转型的下一个阶段。认识到生产部门变化的性质，有助于辨别明确哪些方法可能会成功。

在 18 世纪末，制造业摆脱了传统手工的方式，转而由机器辅助工作，当电力在制造装备中得到应用时，真正意义上的大规模生产成为一种可行的选择。最有影响力的变化之一大概就是向自动化过渡。计算机在生产中的广泛应用变得越来越明显，数字系统被开发出来以监督整个装配线。目前，客户希望产品更快、更好、定制化和与众不同。因此，制造商不仅要找到一种方法来维持对产品的需求，还要找到熟练工人来制造这些产品。

技术进步和随之带来的行业发展提高了企业的地位，使之获得了客户的信任。科学研发和计算机仿真技术在产品进步及其他方面都产生了重大影响。每一个新的进步都带来了生产过程的改变，事实上，它已经改变了不同行业的运作方式。一般来说，工业转型的增长充分阐释了技术创新如何促进制造业增长。工业机器人和人工智能的应用正在兴起，它们在做复杂工种时更加精细和熟练，甚至与人工费用的差异也在缩小，这对机器人技术来说是利好。

从模拟、机械到数字创新的转变，阐释了数字创新技术的发展路径。通过服务弥补设计和制造之间的差距，并利用大数据、数据分析和机器学习转变为第四次工业革命。了解整个制造企业产生的数据的重要性，为从以产品为中心过渡到以客户为中心的新商业模式的发展提供了机会。

未来工业转型

目前，大量正在实践的创新都是对迄今为止变革过程中所奠定的基本思想的改造。第五次工业转型，也被称为工业 5.0，已经成为工业自动化领域的一部分。工业 5.0 将人类的创造力、工作技巧与机器人的速度、效率和一致性结合起来。此外，它通过激发人类的创造性思维以求与人类更好地互补。工业 5.0 创造了比工业 4.0 更高价值的任务，因为人类正在通过需要创造力的生产重新获得产品设计。

机器人向导、人工智能指导的群体控制以及沉浸式的虚拟现实技术，这些都是物联网所支持的技术，将在 2020 年东京奥运会上为观众带去欢乐和享受。由丰田汽车公司制造的机器人（场地支持机器人、远程通信机器人、人力支持机器人、送货机器人）肯定能帮助观众完成一系列任务，从运送食物和各种其他物品到作为向导将人们带到对应座位上，提供相关场次信息等。除了帮助参观者使用移动设备外，机器人技术还可以在日常生活中协助人类。

（*Olympics, 2019; Forbes, 2019*）

为了在人机交互中取得平衡，尽可能实现效益最大化，在日益复杂的流程中，必然需要一个生态系统，该系统能够处理大量的信息，并为人类操作员提供一个空间，以便通过数字孪生技术与车间机器连接。工业 5.0 将人类的创造力和机器人的精确性相结合，催生出一种独特的方式，这在未来几年内就会有需求。工业 4.0 和工业 5.0 都为工业的持续发展规划了一张可以且应该遵循的路线图。

小结

技术驱动的转型需要与之相适宜的组织文化和管理者，才能恰如其分地发挥作用。仅靠现代技术不足以推动这样的转型，企业领导者需要与员工互动，以促进他们更好地理解和接纳转型。注意培育适当的企业文化以融入这些新技术的制造业将具有竞争优势——改进现有商业模式，开发新的可能性，保留久经考验的技能，同时吸收全新的技能。战略投资对于每一个制造企业的持续发展仍然至关重要：即使在不同业务中的不同聚合技术可能会变得复杂，但是这个过程有助于制造商在竞争日益激烈的环境中看到高回报的可能性，这确实是一个为制造业提供价值的未来方向。提高业务绩效的一个关键点是拥有最高效的流程和员工，关注客户反馈，并使用尖端技术来确定企业需要改进的领域，从而通过不同层次的生产效率来提高工程流程的效率。

参考文献

Alphabet Inc. 2017. *Reorganizing Google* (Case Code: HROB185). Hyderabad: IBS Center for Management Research (ICMR).

Anthony, Scott D., Alasdair Trotter, Rob Bell and Evan I. Schwartz. 2019. *Transformation-20*. Boston, MA: Innosight.

Becker, J., M. Kugeler and M. Rosemann. 2010. *Process Management: A Guide for the Design of Business Processes*. Germany: Springer.

Bradford, M. and G. J. Gerard. "Using process mapping to reveal process redesign opportunities during ERP planning." *Journal of Emerging Technologies in Accounting* 12 (2015): 169–188.

Engel, A., T. R. Browning and Y. Reich. Designing products for adaptability: insights from four industrial cases. *Decision Sciences* 48, no. 5 (2017): 875–917.

Forbes. 2019. https://www.forbes.com/sites/stevemccaskill/2019/07/29/tokyo-2020-to-use-robots-for-a-more-efficient-and-accessible-olympics/.

Gupta, Vivek and Indu Perepu. 2006. *The Transformation of Apple's Business Model Case Study* (Case Code: BSTR212). Hyderabad: IBS Center for Management Research (ICMR).

Hammer, M. and J. Champy. 1993. *Reengineering the Corporation: A Manifesto for Business Revolution*. New York: Harper Business.

Harrington, H. J., D. R. Conner and N. F. Horney. 1999. *Project Change Management: Applying Change Management to Improvement Projects*. New York: McGraw-Hill Trade.

Kane, G., D. Palmer, A. Phillips, D. Kiron and N. Buckley. 2015. *Strategy, Not Technology, Drives Digital Transformation*. Texas, MIT Sloan Management Review and Delloite University Press.

Madison, D. 2005. *Mapping, Process Improvement, and Process Management: A Practical Guide to Enhancing Work and Information Flow.* Chico, CA: Paton Press.

Manganelli, R. L. and M. M. Klein. 1994. *The Reengineering Handbook: A Step-by-Step Guide to Business Transformation.* New York: AMACON.

Olympics. 2019. *New Robots Unveiled for Tokyo 2020 Games.* https://olympics.com/ioc/news/new-robots-unveiled-for-tokyo-2020-games.

第二章

工程和制造转型

　　制造组织致力于整合一系列不同的功能，如品控、供应管理等，以使协作方式更高效。另外，企业的关注重点是使各种产品开发活动自动化，如功能设计、程序管理、系统仿真以及零件制造过程中每个步骤的重复性能分析。将信息技术驱动的自动化引入设计和生产任务的过程需通过制造实现工业流程自动化。通过压缩每项活动开展的时间，企业可以在整体层面显著地节约财务开支。事实上，自动化背后的理念并不新鲜，使用自动化的理念也已经实践多年。然而，在过去的 100 年中，它在某些行业里变得更为普遍、更为重要。在整个工业 1.0、工业 2.0 和工业 3.0 中，自动化主要是在工业领域实践。工业 4.0 将工业自动化与信息通信技术相结合，工业自动化的目标显然是提高定制产品的生产效率，一些关键流程自动化可以提高特定流程的效率，这也是组织进行流程转型最具说服力的因素之一。

　　从医疗组件到工业组件制造商，从汽车制造商到航空航天和国防部门，寻求创新方法、压缩成本和上市时间的同时持续提供高质产品对于所有工业领域都非常关键。商业企业正在不断培育突破性思维，通过改造业务流程并采用新方法改变传统设计方式。计算机集成制造（CIM）及计算机辅助工程（CAE）的创新支持所需的协作流程，从而对产品设计周期产生重大影响，在降低成本的同时提升性能。产品生命周期管理（PLM）有助于处理动态的工程文件组，保存设计变更的历史记录，并确保新产品开发 / 新产品导入（NPD/NPI）的团队始终使用最新的产品数据。它通过在最优环境下获取独立的正确信息资源，维持设计的有效性。随着计算机在产品设计和开发方面的进步呈现指数级增长，先进的传感单元技术、机器人和人工智能（AI）控制系统以及各种其他技术的发展为未来铺平了道路，智能制造的影响力在诸多工业领域的显著变化中可见一斑。

流程自动化

随着全球化的不断发展，工业界的利润率不断降低，因此也遭遇种种难题。与此同时，他们还被要求产出高质量的产品或服务。日常工作的自动化确保了流程的及时执行，不会错过预设日期。自动化主要承担各种劳动密集型任务，使组织能够在几乎不出错的情况下最大限度地加快运作速度。效率提高，业务量随之提高，规模化运营变得更为容易。流程自动化使新产品开发（NPD）团队的成员能够进行更具创新性的工作，从而更容易获得价值和满足感，这也推动着组织走向成功。有一个结合更多实践的业务战略，是简化复杂流程的必要条件。流程自动化、工作流程化的产品开发流程可以用来优化和规范，同时缩短开发周期。

> **流程自动化是数字化转型的一个重要功能。**

向市场推出新产品是制造业的基本战略之一。由于客户对更多元产品的持续需求，各类企业每年都会向市场推出新产品。激烈的竞争迫使企业降低新产品的开发成本，以符合可量化流程，制造新的市场产品。流程自动化的发展需要整个企业将流程、人员和数据与软件应用结合起来，使面向流程的任务自动化。不能向市场生产新产品的企业可能会受到负面影响。集成的自动化流程可以连接空间并打破孤岛，宣传各集团和业务部分之间的伙伴关系，有利于跨职能团队的参与。

尽管每个工业领域都有独特的业务策略来掌控任务的执行方式，但流程自动化适用于这类工业领域。实施流程自动化可能因行业而异。例如，产品信息管理包括产品生命周期管理、企业资源规划、供应链管理和客户关系管理。中小型制造商对流程自动化是企业当下最需要的东西仍然持怀疑态度。对自动化的金融投资应该属于产品设计和制造过程中更为宽泛的领域。很明显，这应该与企业的战略规划相一致。对一些企业而言，特别是中小企业，启动部分自动化是更实际的目标。它们在考虑如何采取正确步骤来拥抱新技术和业务流程时，仍处在一个艰难的境地。

工程流程自动化

产品设计和开发的自动化是维持产品设计师日常工作的一种可能性。设计过程很复杂，包括跨职能团队、销售、广告、营销、设计、制造和质量控制。对客户需求和市场需求的同化是针对产品开发者和设计者的。制造商希望以结构化的方式将各种交叉功能整合在一起进行互动。对于中小型制造商来说，设计过程自动化不仅可以轻松实现这一目标，还能对市场需求做出快速反应。产品设计和流程布局已在不同的工业领域实践多年。即使是自动化方面的一个小举措也可以提高许多个人流程的效率，因为它是企业采用流程自动化最令人信服的因素之一。工程流程自动化使各级产品制造商能够迅速完成项目，高效地进行设计和制造，更有效地满足消费者的需求，并创造健康、有竞争力和平衡的收入。

产品制造商利用一系列工程应用程序来实现流程自动化，如计算机辅助技术（CAx），其中包括由计算机辅助设计（CAD）和计算机辅助制造（CAM）组成的计算机集成制造（CIM）和计算机辅助工程（CAE），它们对流程自动化进行控制。集成的产品数据库使得企业能将重点放在数据管理与生命周期管理上。产品配置实践可以叠加在产品数据管理功能之上。CAx 工具以及产品数据管理（PDM）和产品生命周期管理（PLM）使工程变更成为可能，并有助于更好地创建和评估产品配置管理，以定义新产品开发和新产品推出过程中实施的变更。

工程流程自动化有助于制造商加强产品的设计、分析和制造。工程流程自动化的旅程始于以电子方式保存产品和流程设计的细节，从而减少纸质表述。因此减少了手绘图纸和纸张的存储；它还最大限度地缩短获取零件最新版本及图纸的时间，并减少出错。利用这些技术和组合概念，可以有效地改善设计部门内部以及整个企业和客户之间关于产品和工艺设计的沟通。

制造流程自动化

制造商一直在寻找在不影响最终产品质量的前提下降低生产运营成本并加快制造过程的方法。这推动了各行各业的制造商将业务流程自动化，同时整合其他输入和输出系统。制造流程自动化是全球几乎所有产品制造商的一个关键组成部分，它提供了整个车间运作所需的信息。相关人员可以对产品从构思、创造直到客户手中的全过程进行跟踪。

商业企业通过在制造前的所有操作和互动中引入制造流程自动化工具提高生产率。制造流程自动化是大多数制造商的重中之重。它有助于执行加工、生产设置、检查、库存管理和生产准备等任务。此外，制造商还通过制造执行系统（MES）集成了实时动态监控、质量管理、企业资源规划，以获得更高的精度、更精准的范围和更快的上市时间。其主要功能是缩短制造提前期，减少浪费，最终从质量和数量上提高生产率。

可供制造商使用的一些制造流程自动化工具如下：

- 分布式控制系统；
- 可编程逻辑控制器；
- 数据采集与监控系统；
- 人机界面；
- 人工神经网络。

这些都是用来整合来自传感单元和事件的输入流，并将结果传递给制动器、仪表、运动控制和机器人。

业务流程自动化

依据行业内最新的市场趋势，客户的需求也在不断变化。借助业务流程自动化（BPA），可以实现快速决策、提供高质量的客户服务并且更高效地运行组织。BPA 功能背后的核心法则是协调、集成和自动执行。自动化流程到位以后，能够节省企业的时间成本，并确保采用最佳技术路线来提高整体的功效。在互联网制造时代，流程自动化为内外部客户提供最优质的服务，因此也一跃成为最受欢迎的创新之一。在 PLM、ERP 和 MES 等企业系统的配合之下，BPA已经成为流程标准化规范，以确保流程质量，同时处于不断改进中。随着工业 4.0 技术的到来，工业物联网（IIoT）将机器连接到数字环境，机器信息无须借助人工通信就能在网络上流通。

　　流程自动化和管理是产品生命周期管理的基础结构。它能自动执行并加快可重复的生产业务流程，如产品设计修改需求、授权、工程和制造变更单以及自动化工作流程。流程监控为 NPD 团队和企业系统执行的任务提供了一种有条不紊的方法。在产品成熟度模型中，大多数众所周知的循环批准或审查流程都可以通过基于 PLM 的流程管理得到增强。除了可以得到 BPA 的帮助，PLM 还能充分利用产品增长过程的范围。它优化了新产品开发过程，提升利用产品细节的能力，从而围绕制造何种组件以及如何制造组件做出最有效的总体选择。

　　组织流程自动化最重要的一点是它打破了制造企业的孤岛。采用流程自动化使我们有能力获取和解读从生产线流程、业务以及整个供应链、整个企业的服务信息。然而，有时，人工操作和互不关联的系统会阻碍理想的信息在正确的时间到达正确的区域。制造企业可以充分利用对现代技术的资金投入，并实现比人工操作更高的互操作性。由于数据是以电子方式捕获并存储在云中的，数据访问不太复杂，搜索细节可以长期记录。此外，BPA 是合规程序的重要属性，强力保障流程的纪律性、简单性和有效性。

机器人流程自动化

　　工业制造领域主要通过物理机器人实现自动化，这些机器人组装、检查和包装产品，并帮助简化装配线。相反，机器人流程自动化（RPA）是一种软件应用机器人，它模仿人类在流程中执行的各项任务活动。它可以比人更快、更准确、更稳定地完成重复性任务。
RPA 允许制造企业额外关注产品技术和核心优势，而不是日常的必
要但平凡的重复性工作。RPA 可以被认为是连接所有应用程序的电
子脊柱。制造业企业正在将数字化纳入其流程，以改进产品开发、
质量和性能。通过 RPA，制造商可以更新其生产程序和服务功能，
提高生产效率并减少所需劳动力。RPA 在医疗器械领域的功能，如
图 2-1 所示。

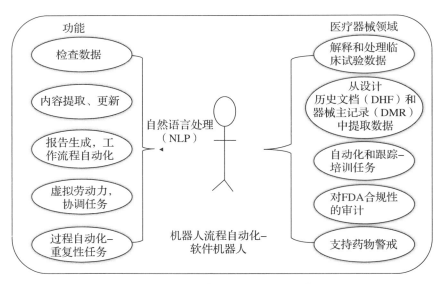

图 2-1　RPA 在医疗器械领域的功能

　　RPA 技术可以极大地帮助实现更多应用的自动化，如供应链
流程、产品设计、推动和支持，以提供更长远的价值。制造业中的
RPA 绝对已经成为流程自动化的重要推动力。最初在生产服务中启

用 RPA 的行动是选择最有效的组织程序之一来实现自动化。RPA 自动化流程包括从众多企业应用程序（如 PLM、ERP、SCM 和物流公司）中提取和更新详细信息，这些过程非常繁重且容易出错。

　　RPA 不是底层业务应用程序的替代品，相反，它只是将员工当前手动的工作自动化。RPA 的一个重要好处是设备不会改变现有的系统或基础设施。它是一个重要的工具，可以帮助制造企业实现自动化，推动企业数字化转型之旅。世界各地的技术专家正试图通过将 RPA 与认知创新相结合来提升自动化水平。

RPA 在供应链方面的实践

　　供应链的核心是库存跟踪和控制。分销商需要持续不断地掌握有关供应水平的信息，以确保他们有足够的产品和备件来满足客户的要求。RPA 通过保存供应水平的详细信息，在产品供应水平下降时通知供应链经理，并立即重新订购物品，从而使供应跟踪变得简单。各个市场领域的零售、生产等企业都有值得信赖的应用程序，如 PLM、ERP、MES、RFID、CRM 和 SCM 等。其中，供应链跟踪使用 RPA 将日常的低价值工作自动化，这简化了供应链流程，同时避免了人为的错误。

　　RPA 使供应链能更快地扩大规模，以确保能够在需求增加时备足供应。RPA 可以计算出所需的库存水平，并将其与可用供应量相匹配。它会自动启动供应链上的订单增加，而无须依赖人工。订单处理程序和支付都实现了自动化，从而可以直接将信息导入业务数据应用程序。谈判通过门户网站进行，除了发送电子邮件和短信确认订单定位外，门户网站还可以细化建议销售量。如今，随着人工智能的到来，不计其数的供应商都相信机器人可以自动处理和完善细节，通过自动化这些后台工作，企业可以确保员工专注于需要人类智力的高质量任务。

RPA 的实施并不像听起来那么容易，它需要在每个阶段实施合适的规划，制定执行程序的战略，并适应企业员工的心态，所有这些将有助于形成做出改变的基调。如果企业旨在与数字技术改进服务供应商合作，则需要在企业供应链中落实工业 4.0 的端到端实施举措，以充分利用价值回报率（ROV）和投资回报率（ROI）。

数字流程自动化

数字流程自动化（DPA）是一种先进的数字化和自动化流程，类似于典型的业务流程管理（BPM）。DPA 是一个面向自动化的整体战略，它与各种现代技术结合以改造整个组织。DPA 改进了传统的BPM，以帮助企业更好地优化端到端流程，以支持整个企业的转型。DPA 假设业务流程目前已经实现数字化，并将重点放在优化现有的工作流程，以提升客户和最终用户的体验。有 BPM 经验的企业应该有能力轻松执行 DPA。DPA 不仅着眼于业务功能自动化，还要实现内部数据监控的自动化，以便实时提供信息。本质上，DPA 通过自动化助力企业转型为数字化、数据驱动的企业，并鼓励员工做出数据驱动的决策。流程自动化可以处理大量的工作和交互，将不同的信息系统整合在一起，为制造商带来更小的流程差异、更完整的数据和更大的存储空间、更有效和更开放的车间流程。

> Straightforward day 今日发布称，DPA 可以立即解决缺货和资源补给问题，从而实现细节的顺畅流通和少量工作的自动化，让内部团队和客户了解基本材料何时恢复供应。实施 DPA 只是企业在整个转型过程中所能做的最基本改进之一。
>
> （ *Watts, 2020; Bizagi, n.d.* ）

在这个快节奏的智能互联、充满挑战的数字化转型世界中，制造商需要专注于创新和绩效，通过迅速实现流程自动化保持竞争优势。DPA 在 IIoT、人工智能（AI）和机器学习（ML）以及智能机器人方面有巨大的发展空间。其中，数据发挥了很大的作用，因为它们利用了基于云的选项，并帮助评估收集到的信息，以满足消费者的需求，同时改进生产流程。将孤岛式的细节相互关联，必将改善产品设计、促进生产革新、加快交付速度并提升最终客户体验。

智能流程自动化

制造业引入数字化转型，整合了内部业务流程，从而轻而易举地实现了与客户的各种互动。企业领导者采用自动化战略来寻找理想的流程，从而最大限度地减少浪费、提高成本效益并保证更好的客户体验。如今，消费者期望值极高。因此，大多数制造企业的运营速度都在加快。产品制造商需要更快地做出反应。利用动态数据生成最相关的结果已成为必然要求。因此，自动化成为当今世界的一个重要运作模式。行业领导者开始朝着智能流程自动化（IPA）的新兴创新方向前进。

在数字世界中，自动化的理念正日益深入人心，技术也在不断进步，机器越来越擅长执行人类的各种任务。现代数字技术的创新、传感单元的可及性，以及不断增强的计算、存储能力，使其在全球技术领域的影响力不断扩大。正是这种创新使组织能够让涉及结构化、半结构化和无组织文件系统的流程自动化，这些文件系统包括记录、文本、照片、视频等。它有效地执行原本由人类开展的活动。开发智能流程自动化结构的一些核心现代技术包括人工智能、自然语言处理（NLP）、光学字符识别（OCR）、智能工作流程和 RPA。

制造商可以利用预测分析解决全新的问题，并促进产品工程。机器学习模型被用于预测如何生产特定的物理产品，并减少复杂材料特性的异常。IPA 的实施有助于制造商节省在产品进入质量保证之前进行计算以发现异常的时间。IPA 启动了工业 4.0 和工业 5.0 的工业转型，从根本上改变了依赖网络物理和认知系统的流程和设置。

IPA 是流程自动化发展的下一个层次，它将人工智能能力与流程自动化相结合。开发它是为了接管重复、常规的工作，以此帮助员工。它在无须人为干预的前提下，模仿人类活动。

流程自动化的必要性

除了客户满意度，决定利润的最重要变量是流程自动化。在企业中实现流程自动化是有利可图的，因为它减少了开支，提高了工作效率。甲之蜜糖乙之砒霜，自动化节约了大量的资金和时间，但这并不适用于所有企业。此外，可以被自动化的任务以及能被自动化的程度都是需要考量的因素。明确自身所需的自动化程度——"适当的自动化"可能是一个难题，但这不应成为制造组织在一开始遵循流程自动化中的阻碍。

首先要做的是制定战略——制定符合实际的自动化进程的路线图。虽然对整个组织而言自动化战略存在障碍，但许多企业会在自身业务中利用某种流程自动化。

我能想到的一个简单且最广为人知的例子就是，即使是一家小企业在业务上也要遵循流程自动化——企业电子邮件账户向客户"自动回复"邮件。

（*Luther, 2020*）

　　时至今日，工业经济实现快速增长的压力极大地影响着各行各业的效率，促使工业企业纷纷启用自动化流程。随着运营预算的缩减，各企业不能再把资金浪费在耗时且枯燥的工作上。自动化之所以受到如此广泛的欢迎，关键在于它带来更好的结果和更高的生产效率，同时也有助于跨职能团队成员和其他服务部门。机器人技术、工业视觉、工业物联网、人工智能和协作机器人等领域的创新开创了许多新功能，使自动化不仅可用于大规模生产过程，还能用于多品种、小批量的生产环境。

　　流程自动化可以完成大量任务，交换信息，弥合差距，并为整个企业的业务流程透明化铺平道路。它涉及通过汇编来自 CAD、PDM、PLM、ERP 和 MES 的信息来运行设计数据管理、物料清单、供应商开发和生产计划控制工作流。

　　随着现代技术日趋先进，制造商有能力以更少的运营预算来经营企业，而设计、评估及其他步骤正被智能流程和智能机器取代，这些流程和机器已经超越了人力。企业决策者都希望他们的车间机器能够以尽可能少的生产成本提供尽可能高的产出。流程自动化非常有效，因为它有助于通过减少人工协助和错误风险来提高设计和制造效率、产品和流程质量。大多数制造业开始实施工业 4.0，以实现流程自动化，这被认为是数字转型的风向标。恰当的自动化技术加上合适的技术工人，将为企业获得成功奠定基石，企业应该以循序渐进的方式开始数字化进程，以实现向数字化企业转型的组织目标。

流程转型

转型对于制造企业的许多职能部门都至关重要。这一过程始于应对特定挑战的努力。不久之后，企业认识到，如果在整个企业中延伸这种转型，就可以落实转型并从中受益。启动流程转型是提高产品质量和运营绩效的最有效手段之一，大多数工业企业最关心的是提高质量。工业领域的流程转型涉及对市场需求的快速反应，它深入业务流程的核心，对其进行改造，以利用数字化能力。

随着工业进程的加快，企业需要升级它们的战略和流程，以使新产品迅速进入市场。然而，从事创造新产品工作的人和设计师通常最抗拒变革。最重要的是，质量控制方法包括减少风险、加强培训和开发更好的流程，以及使工作环境更加安全和清洁。引入高质量转型首先要摆脱手工制造流程，然后过渡到无接触制造模式。将业务流程转型纳入决策过程，不仅有助于企业从对创新的资金投入中获利更多，还可以解决员工更好地适应转型的有关问题。总的来说，组织需要明白，利用现代技术来改造其业务是了不起的，但成功的诀窍在于了解使用现代技术的业务存在哪些问题，并在发现新时代创新的新用途之前纠正这些问题。

随着现代技术继续以指数级的速度快速发展，企业必须改进其流程以确保竞争优势。事实上，因为这些变革的代价不菲，制造业的商业领袖们历来不愿意转型和引入创新。利用流程、知识、技能和现代技术来认识其对流程转型的全面影响，需要成为确保未来成功路线图时首先需要讨论的一部分。

转型可以从员工的个人转变和企业内部的流程改进开始。制造业企业，无论小型、中型还是大型企业，都应做好准备，在管理费用、生产运营成本和资源成本可以承受的情况下，在全球范围内蓬勃发展。此外，企业需要明确制造目标，制定清晰的转型战略。只有经过大量思考论证，确定了潜在的改进领域，并强化了技术提升服务、增加利润和降低成本的战略之后，流程转型才能取得成功。了解生产企业成熟期的不同阶段，可以帮助流程自动化在制造业中进行适当的流程转型，它必将改变工业经济各个领域的服务方式。

从流程自动化到流程转型

流程自动化涵盖使用现代技术使流程自运行，并通过分析报告功能使这些流程更加高效。实施自动化缩短了时间，并使供应商能够利用与客户的互动做出快速、大规模定制的响应。换句话说，流程自动化是通过流程转型实现预期最终结果的手段。随着新技术的出现，客户的期望值持续高涨，许多服务机构都在进行流程转型，以努力保持与客户的相关性并满足客户的期望。

　　开拓型的企业认识到，为了保持竞争力，它们必须不断改进其企业文化、流程、数据和创新；实现这一目标需要额外的规划和努力。尽管自动化和数字化转型已经取得了一定的成效，但一些企业仍然不愿意仔细地提升他们的内部流程。除了以实现流程自动化来保持竞争力，制造企业对流程简化也有着深刻的理解。流程转型的最大影响因素之一很可能来自于创新协同，而不是改变或解雇工人。只有当自动化被很好地纳入各个层次的组织流程，并根据公司内的各种职能进行定制时，这些优势才会显现。

　　对制造企业来说，流程转型是工业 4.0 的基础，是改进和重塑制造业务模式的秘诀。转型以多种方式影响新产品增长的细分市场，它极大地改变了企业的新产品格局。从获得基本材料到将产品推向市场，技术对生产商来说变得无所不在。现代技术正在生产线上下游融合，在整个过程中提供信息并确定实时选择；因此，制造业正在发生根本性变革。它为生产行业的产品开发者提供了巨大的可能性，不仅使他们的新产品与众不同，还改善了这些产品的开发、制造和发布方式。回报是相当可观的，但在实现流程自动化和转型过程中也面临着巨大的挑战。

面临的挑战

　　尽管仍然面临有待解决的挑战，但是业务流程自动化是流程变革举措的核心，也是成功的关键变量。大多数流程都非常复杂，包括各种操作和要素。除了战术上的监控，缺乏清晰的愿景会增加重要服务流程被错误处理、延迟或破坏的风险，从而产生问题，影响信誉度。主要的挑战如下：

- 在准备流程转型之前，需要了解企业内部对流程自动化的需求。这一点至关重要，因为企业中的大多数利益相关者可能并没有为转型做好准备。人们的观点各不相同，尽管合作一开始会成功，但可能隐藏着反射性冲突。
- 随着消费者需求的不断增长，适应市场可能需要更多的投资，这可能会超出之前设定的实际支出计划。
- 一个规划完备的战略需要有一个流程转型愿景，以改进现有核心专业技术，并朝着这个愿景推进。
- 转型成以客户为导向的企业，需要不断地升级流程。
- 了解流程转型对一个组织的影响。
- 在采用有助于流程转型的新技术方面遇到阻力。
- 界定在流程转型之前、期间和之后能够正确衡量效率的指标。
- 实现流程转型目标的很多挑战是社会和行为方面的。

除了循序渐进，企业还应采取持续优化的策略实现流程转型。虽然人们可以在挑战出现时加以解决，但谨慎的做法是事先做好准备，以提高投资回报率和价值回报率。

流程转型的价值驱动力

制造企业的流程改造包括将各种工作自动化，以完成转型来保障其生存。电子和技术的发展实际上已经影响了全世界经济和商业的运行机制。自动化将为日常性的手工作业所青睐，机器人及其控制系统的成本未来也会下降到中小型制造商也能用得起。产品开发部门将开始使用减法和加法工艺，并且肯定会对自然衍生的框架和数字工具产生深刻的理解。生产运营将与资源所在地或消费者所在地紧密相连。可穿戴设备和动力外骨骼将提高人类的工作绩效并提高安全性。智能机器正逐步在流程部门有效运行，也将在生产和仓储中执行诸多日常工作。制造商很难获得他们所需要的理想能力，因为实际上这种能力在许多方面都变得非常复杂和过于先进。

在线检查和监控的智能制造能力可以为人类带来数据驱动的选择，从而提高系统和流程的效率并节省时间。在开发过程中，利用先进的统计过程控制（SPC）和电子绩效管理等工业4.0工具，消除车间操作的问题，将大有裨益。在这种互联的环境中，质量和速度是首先要提高的，这反过来又保障了所有供应商都期待的——改善客户服务体验。版权保护是日益分散的全球制造生态系统中的另一个重要挑战。流程标准化降低了供应商进入市场的成本，使他们能够更加积极地改进流程。

小结

在新兴数字创新技术的推动下，全球各地的组织正在迅速发生变化——中小企业和大企业制造商将流程自动化和流程转型相结合，这在今后可能会成为标准。制造业的转型通常被理解为采用电子技术取代人工流程或使其自动化。今天，生产制造商面对着不断变革的商业标准，其中新兴的现代技术正在永久性地改变产品制造和服务提供的方式。随着前所未有的数据可用性、产品选择和网络替代方案的出现，消费者对转型的要求越来越高，不仅体现在产品和服务方面，还体现在整个采购和产品使用体验方面。为了避免延误、减少事故、消除错误、提高产品质量和制定新的组织标准，自动化创新在当今制造业中越来越势在必行。随着拥有独特商业模式的新企业的出现，确定和满足不断变化的客户需求的竞争变得越来越激烈。流程转型是指将标准程序转换为更高效的数字系统，这将显著提升绩效，从而全方位地优化改进流程。

由于制造业的再转型，未来的制造设施将更有效地利用机器人、材料、可再生能源和人力资源。服务和产品的改进表明，开发新的增值服务，既能改善生产环境，提升消费者体验，又能开辟新的收入来源。需求方面也正在发生重大变化，日益增长的透明度、消费者参与度和消费者习惯的全新模式，越来越多地建立在消费者对移动网络和信息的可得性上，这也迫使制造企业转变创造、营销以及提供产品和服务的方法。新的现代技术使产品更具有弹性，而除了分析之外，信息也正在彻底改变产品的维护方式。制造商将开始探索从简单的数字化到基于创新组合的技术，通过人类知识与机器人的合作走向一个具有鲜明目标和价值观的未来，并倒逼企业审视其工作方式。

参考文献

Aras| Product Brief | Product Lifecycle Management, https://www.aras.com/en/
capabilities/product-lifecycle-management.

Bizagi. N.d.Digital Process Automation. https://www.bizagi.com/en/solutions/digital-
processautomation

DPA | Product Brief | Opentext, https://www.opentext.com/products-and-solutions/
products/digital-process-automation.

Elangovan, U. 2020. *Product Lifecycle Management (PLM): A Digital Journey
Using Industrial Internet of Things (IIoT)* (1st ed.). New York, CRC Press.
Doi:10.1201/9781003001706.

Haigh, M. J. 1985. *An Introduction to Computer-Aided Design and Manufacture*. Oxford,
UK, Blackwell Scientific Publications, Ltd., GBR.

Hofstede, A., W. van der Aalst, M. Adams, and N. Russell. 2009. *Modern Business
Process Automation: YAWL and its Support Environment* (1st ed.). Berlin, Germany,
Springer Publishing Company, Incorporated.

IPA | Product Brief | Uipath, https://www.uipath.com/rpa/intelligent-process-automation.

Leon, A. 2014. *Enterprise Resource Planning*. New Delhi: McGraw-Hill Education (India)
Pvt Ltd.

Luther, David. 2020. 21 Ways to Automate a Small Business. https://www.netsuite.com/
portal/resource/articles/accounting/small-business-automation.shtml

PLM | Product Brief | https://www.3ds.com/products-services/enovia/products/.

PLM | Product Brief | https://www.autodesk.com/content/product-lifecycle-management.

PLM | Product Brief | PTC, https://www.ptc.com/en/products/plm.

PLM | Product Brief | Siemens PLM, https://www.plm.automation.siemens.com/global/
en/products/plm-components/.

RPA | Product Brief | Automation Anywhere, https://www.automationanywhere.com/rpa/ robotic-process-automation.

RPA | Product Brief | UiPath, https://www.uipath.com/rpa/robotic-process-automation.

Scholten, B. 2009. *MES Guide for Executives*. Research Triangle Park, NC: InternationalSociety of Automation.

Watts, Stephen. 2020. The Importance of Digital Process Automation (DPA). https://www.bmc.com/

Zeid, I. 1991. CAD/Cam *Theory and Practice* (1st ed.). New York, McGraw-Hill Higher Education.

第三章

工业革命 3.0 到 5.0 的技术创新

制造技术深刻影响着生产服务的方方面面，从设计、研发、制造、供应链到零售和营销。工业制造部门将原材料加工成最终由客户使用的新产品，同时也受日新月异的商业变革的影响。技术和创新是制造业发展的重要驱动力，也是绩效提升的重要动力。新技术与最先进的产品设计相结合，为制造商尤其是中小型企业提供了提高核心业务价值的诸多机会。为了改进产品开发，制造商可以使用不同的现代技术工具，作为迈向数字化转型之路的第一步。

工业革命

在当代，制造设备往往由注重技术的工业中心改进。贸易扩张是从农业经济向工业、机械驱动型经济转型的结果，不同工业领域技术的快速发展实现了产品设计和制造服务的自动化。工业转型期间发生的主要革命是技术创新方面的革新、实施和采用。技术创新的发展是一个循环往复的过程，创新和转型的速度不断加快。转型对工业企业来说并不陌生，它被认为是工业经济的战略资源。由具有清晰数字化转型愿景的商业领袖运营的组织，通过升级其商业模式以促进业务增长，在不断变化的时代与时俱进，并在竞争中脱颖而出。

接下来，我们简要回望不同时期的工业革命。

第一次工业革命

变革始于 18 世纪末，并一直持续到 19 世纪初，在工业领域以自动化的方式进行。第一次工业革命是人类文明视角下的一个重要转折点，也被称为"机械制造的时代"（见图 3-1）。

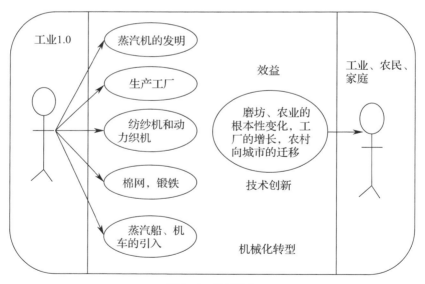

图 3-1　机械革命

手工工具制造的产品转变为由机器制造的产品。纺纱机的发明和蒸汽动力的使用，拉开了工业革命时代的序幕。服装制造比以往任何时候都要快得多。蒸汽机的出现推动了从农业到服装制造的各个生产领域的发展。特别是制造行业，被自动化改变，运输业也是如此。重型蒸汽和煤炭产生的动力使得制造商发现了新的工业用途。以蒸汽为动力的机车彻底改变了货物运输领域。此外，它还推动了城市的快速扩张，随之而来的是经济的迅速增长。

> 詹姆斯·瓦特发明的独立冷凝器大大提高了重型蒸汽机的效率，并且在蒸汽机中加入了曲轴和齿轮，这成为之后所有现代蒸汽机的典型。他的发明被认为是工业革命中最有效的创新之一。

> (*Famous Scientists, n. d.*)

拥有一台机器比拥有一个需要支付工资的工人更实惠。自此，经济发生了从以农业为基础的范式向以机器为基础的范式的转变。基于这些优势，不管是好是坏，人造机器即使在我们谈论它的此时此刻仍然在被使用。在整个工业转型过程中，由于新燃料的使用、大型制造设施的发展和带来污染的大城市设施的激增，环境污染也随之日益严重。第一次工业革命是启动诸多社会经济革命的时代，同时也催生了诸多实用的技术奇迹。

第二次工业革命

工业领域的众多技术创新推动了内燃机的问世、电能的革新、钢铁的使用、化工行业、合金、石油和电力交互技术的发展。当时的制造业和第一次工业革命的生产技术通过技术转型得到了提升，这标志着进入了一个快速自动化的阶段。生产技术、材料和制造工具的进步使制造领域的各种产品实现了标准化。科学和技术创新共同发挥作用，科学揭示了有效推动技术发展的见解。众多的创新者意识到内燃机相对重型蒸汽机的优势，尝试在汽车领域利用这种能源。具有可替换部件的连续流线的生产过程，即通常说的生产流水线的发展，促使汽车工业建起工厂，对复杂产品进行标准化大规模生产。

> 托马斯·爱迪生发明的电灯对制造业产生了巨大的影响，它使生产得以每天三班倒地运行。莱特兄弟的三轴系统技术，使飞机保持安全和稳定，其基本原理在今天的航空领域仍然适用。发电机技术为现代家居产品如冰箱和洗衣设备增加了新的功能。此外，内燃机的创新使汽车和航空领域都得到了发展。

（*Stanley, 1931*）

电话、无线电、传送带、起重机和机器全部由电力驱动。相应地，水力发电厂和燃煤蒸汽发电厂也得到了发展。在建造船舶、高层建筑和更大的桥梁时，钢取代铁得到了更多的使用。工业革命对金融发展和绩效的影响远比任何类型的技术进步更为深刻。它与第一次工业革命一起，促进了全球市场的融合。得益于其带来的进步和发明，第二次工业革命成为历史上一个极为积极利好的时代。20 世纪初，电能、汽车和飞机的发明也是第二次工业革命被认为是史上最重要的工业革命之一的部分原因。

为提升工业 1.0，工业 2.0 引入了更优的产品质量和制造效率流程，如准时制（JIT）和精益原则。同样，第一次和第二次工业转型为工业领域的发展做出了卓越贡献（见图 3-2）。我们不可否认，自动化和工业转型对全球造成了一些负面影响。然而，对此我们可以引述赫拉克利特（Heraclitus）的话——"变化才是世界上唯一不变的"。

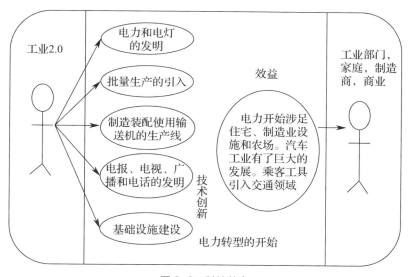

图 3-2　科技革命

第三次工业革命

20世纪下半叶，计算机系统、自动化、机器人技术、可再生能源、核能、电子设备、电信、互联网和数字革命等方面的发展突飞猛进，被称为第三次工业革命。在20世纪下半叶，各行业经常受到技术进步、不可预测的市场变化和国际竞争的影响。通常，制造业为了在激烈竞争中维持自身的地位，不仅需要使生产系统能以低成本、高效益的方式生产出高质量的产品，还要能迅速适应市场变化和消费者需求。此外，生产环境需要保证没有机器停机。

工业2.0时期实施的自动化和随着数字化浪潮实现的制造车间生产线自动化是工业3.0的一个重大飞跃。工业机器制造商开始利用集成电路提高机器的性能。自动化时代在汽车行业率先出现，并最终被所有制造行业接纳。工业3.0促进了软件应用系统的发展，以充分利用电子硬件。

电子设备和信息技术开始使制造业自动化，并将供应链推向全球。复杂和重复性的工作由软件程序来完成，使工厂的产品设计和制造过程自动化成为可能。计算机辅助的创新、微处理器的进步以及与计算机过程控制相关的优势在工业领域得到了认可。这一时期出现了许多重大的技术创新，也就是计算机辅助应用的问世，比如计算机辅助设计、计算机辅助制造、计算机集成制造、计算机数控、企业资源规划、物料需求规划、客户关系管理、供应链管理、快速原型设计、产品生命周期管理、制造执行系统、可编程逻辑控制器、数据采集与监控（SCADA），使 NPD/NPI 团队能够通过制造过程中的设计和开发制定常规战略和跟踪产品流（见图 3-3）。

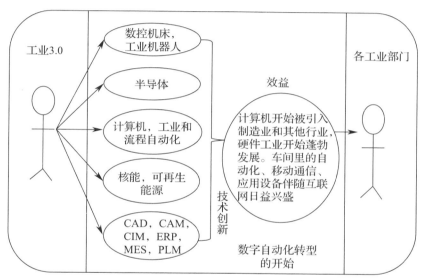

图 3-3　数字自动化革命

可编程逻辑控制器

可编程逻辑控制器（PLC）是一种专用于恶劣工业环境（如极端温度、潮湿 / 干燥以及肮脏的条件下）运行的计算机。它是用于管理特定地点的制造系统过程的紧凑型工业计算机系统。简而言之，它是一种关注输入和输出的工业固态计算机，为自动化流程以及装配线上的车间机器做出基于逻辑的决策。PLC 在自动化领域发挥着关键作用，是大型 SCADA 系统的一部分。PLC 的功能包括定时、计数、确定、比较和处理不同的模拟信号，它通常被称为工业计算机。

处理通信方面的技术突破正在为工业自动化开辟新途径。无论现代技术如何快速发展，PLC 仍然在生产中发挥着重要作用，并作为各种实时决策的中央处理单元发挥作用。PLC 有助于识别、监测和消除浪费。随着自动控制领域与现代信息和通信技术的融合，PLC 也越来越受到认可。监控系统在制造业中发挥着至关重要的作用，这是朝着更为开放的设计标准迈进的重要一步，使传统的 PLC 系统和其他制造控制系统之间能够互动。

> PLC 通过持续的闭环控制和额外的控制器来监控整个生产流程，用于控制流程中的各种细节指标。同时也用于控制工业流体动力线路中的线性和旋转致动器。PLC 是适用于调节工业机器人运行的合适工具。

> （Laurean, 2010）

绝大多数的消费品都是在生产中心被生产出来的，通过流通网络配送，最终采用自动化手段供应给商店和消费者。制造商采用自动化工具背后的常见目标取决于几个方面，如高可靠性、高重复性和交付便捷性。基于这些原则以及制造部门的需求，PLC 应运而生。在新时代，工业自动化是以技术进步的形式出现的，基本上可以监控工业生产中各种机器的性能。人机界面（HMI）使用户能够实时高效地管理 PLC。在工业领域使用 PLC 的主要好处是卓越的性能和成本的降低。PLC 协助识别错误，还能在生产过程中及早发现质量缺

陷以便排查这些缺陷。使用 PLC 的交叉检查表、部件扫描和完整性
检查是制造监控确保制造中最佳质量的一些步骤。

SCADA

SCADA 是一个自动化集中控制系统，用于检查和调节从工业厂
房到复杂制造工厂的整个场地。工业组织开始使用继电器和定时器
来维持一定程度的监督控制，而无须派人到偏远的地方与每个工具
进行直接交互。微处理器和 PLC 的使用提高了企业监控和管理自动
化流程的能力。随着现代 ICT 要求的采用，今天的 SCADA 能够从整
个企业的任何地方获取工厂实时的详细信息。

SCADA 使企业能够精心研究和预测对测量条件的最佳措施并立
即行动。SCADA 系统利用分布式控制系统（DCS）、流程控制系统
（PCS）、PLC 和远程终端单元（RTU），通过向执行者和管理者提
供相关的、全面的生产信息，以实现减少生产浪费、提高整体绩效
的目的。SCADA 可处理零件清单，实现准时化生产，还可以控制工
业自动化和机器人。除了对生产车间实现过程控制，SCADA 还能确
保产品的高品质。

在中小型制造企业中，对自动化还不熟悉的人可能会提出同样的
问题：PLC 和 SCADA 是否相同？在企业中如何使用它们？制造业中
最重要的两个先进技术就是 SCADA 和 PLC。这两种技术共同为企业
提供最基本的服务。PLC 是设备实体，而 SCADA 是软件应用程序。

SCADA 可以在更广泛全面的范围内运行，它可以从系统的每个结果中检查和收集信息，PLC 则只关注系统中的一个方面。

SCADA 助力公司提高运营效率。它完善了实时信息，使控制团队能够获得最新的、精确的信息，从而做出明智的决策。它可以管理运营、提高效率并减少停机时间。此外，该系统还提供了复杂的预警体系和有效的系统维护，帮助制造商将损失降至最低。

工业机器人

许多行业已经采用自动化。机械的进步和技术的发展取代了手工劳动。数控（NC）设备的进步和计算机的日益普及都促进了第一代工业机器人的产生。机器人已成为当今庞大制造业的重要组成部分。除了具有更高的操作灵活性，由于微处理器控制，它们还变得更加智能。企业的竞争者面临对商业机器人的高度需求。那么，什么是机器人？通俗地讲，**机器人是一种能够执行工程师设定的常规和复杂操作的机器。**

工业机器人技术能够显著地提高产品质量，成为当代生产领域不可分割的一部分。随着机器的不断发展进步并处理越来越复杂的任务，所有的制造流程将很快自动化并由机器人接管。大多数企业，如中小企业或原始设备制造商正在将机器人技术应用于它们的现代制造设备。

最常用的工业机器人是平面关节型机器人（SCARA）、铰接型、笛卡尔型、龙门型和三角型机器人。机器人是生产的未来，它们为供应商提供了越来越多的机会，最小化成本和促进生产效率，以此来维持低廉的价格。

第一代工业机器人的智力、自由度以及功能自由度相对有限。人类可能会因为工作的重复性感到疲惫，从而导致工作出错。另一方面，机器人极高的灵巧度和机器学习能力，可以避免犯这样的错误。自动化对生产的影响范围广泛，提高了整个制造行业的效率和成功率。机器人通过承担重复性工作、简化一般操作设置以及与人类合作进行产品制造，对生产过程产生了积极的影响（见图 3-4）。即使是中小企业也意识到将机器人技术整合到其流程中以获得长期利益的重要性。

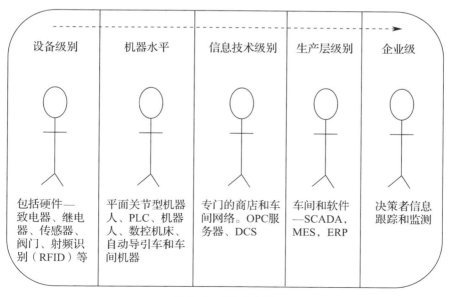

设备级别	机器水平	信息技术级别	生产层级别	企业级
包括硬件—致电器、继电器、传感器、阀门、射频识别（RFID）等	平面关节型机器人、PLC、机器人、数控机床、自动导引车和车间机器	专门的商店和车间网络。OPC服务器、DCS	车间和软件—SCADA，MES，ERP	决策者信息跟踪和监测

图 3-4　自动化水平

第四次工业革命

计算机和自动化在工业 3.0 中的应用为工业的发展提供了新的可能性，在数据和机器学习的推动下，智能系统和自治系统不断发展，这就是现在所说的工业 4.0 或第四次工业革命。如今，在智能互联的世界里，自动化不再意味着单个机器人独立运行，而是利用大数据、IIoT 和数据分析的更加强大的自动化解决方案。通过整合软硬件，制造商可以保持对整体运营的全面控制。

工业 4.0 强化了工业 3.0 的计算机化。对许多人来说，当计算机作为工业 3.0 的一部分被引入制造业时，整合全新现代技术的过程并不简单。而在工业 4.0 中，计算机之间相互连接，在无人参与的情况下就可以独立运行。

工业 3.0 找到了测量和分析流程的方法，以确定改进措施，这为使用高效统计工具（如统计过程控制和七种质量管理工具）铺平了道路。该过程涉及信息收集，允许使用"计划 – 执行 – 检查 – 行动"（PDCA）、六西格玛（定义、测量、分析、改进、控制）技术来帮助制造业改进现有技术，取得进步，并在工业 4.0 技术的助力下使其更有效。

工业 4.0 的真正威力在于将网络物理系统与 IIoT 相结合，这使得智能制造设备成为现实。随着新兴智能机器在获取更多数据后变得更加智能，制造程序也变得更加有效。更进一步，网络物理解决方案将通过无线连接对行业进行改造，从远程跟踪和监控企业，并独立决策，从而为生产过程增加新的维度。机器、人员、流程和框架集成到一个网络环路中，使整体监控变得高度可靠，并更加简化。

除了提高整体效率，工业 4.0 还通过提高成果、资产利用率和整体效率创造新的业务价值。它不仅仅是获取新技术和新系统来提高制造效能。它还正在改变制造业的运作流程，并扩张到全球范围。工业 4.0 的成果是，企业内的跨职能团队（CFT）可以通过更多的动态分析，共享更精练的、最新的、相关的生产和业务流程视图。

工业 4.0 已经准备好在整个制造环境中扎根。通过了解和利用现代技术，制造业可以在数字化转型的道路上越走越远。这仅仅是制造业技术创新的高度，但听起来似乎机器正在控制整个行业。这绝对是一种先进的制造技术，可确保制造商达到新的优化程度和效率。

工业领域的自动化已经从使用基本液压和气动系统发展到现代的机器人技术。IoT/IIoT 可应用于制造系统，以通过自动化控制系统简化车间操作。流程自动化从减少系统中的人为干扰发展到预防致癌物、提高效率和有效性。在成功融合了以往的技术进步后，除了无线的自动化系统，各种类型的系统中都将应用工业 4.0。

对全球制造商来说，工业 4.0 代表了工业运行模式的转型，与从工业 1.0 到工业 3.0 的转型一样重要。没有制造业，任何国家的经济都会陷入困境，而制造业的关键取决于制造商所能提供改进和选取最佳技术来生产产品的能力。与工业 4.0 相关的关键领先数字技术如下（见图 3–5）。

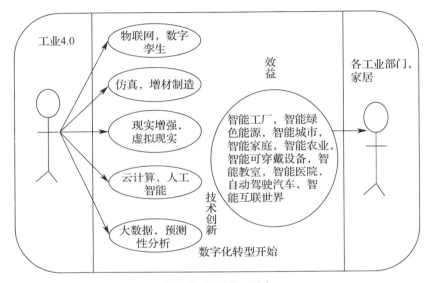

图 3-5　网络物理革命

物联网

将互联网的力量从计算机系统和智能设备扩展到整个事务、流程和环境中，对工业和商业领域都产生了巨大影响。当实物与网络相连接时，意味着它可以发送和 / 或接收详细信息，或二者兼而有之。发送和 / 或接收信息的能力使事物变得更聪明、更智能。作为一个整体，物联网（IoT）是一个由特定可识别的事物组成的网络，它们无须与人交互，通常采用 IP 连接（见图 3–6）。这个表述的语义来源由两个词组成——"Internet"（互联网）和"Thing"（物），其中"互

联网"可以被定义为"基于传统交互过程的互联局域网的全球网络
集合（互联网协议套件——传输控制协议 / 互联网协议 TCP/IP）"，
而"物"则是指"一个无法准确识别的物体"。

物联网最好的一个例子就是通过你的智能手机远程控制
灯光的开 / 关，监测高架水箱中的水位，而无须你亲临现场。

（Elangovan, 2019）

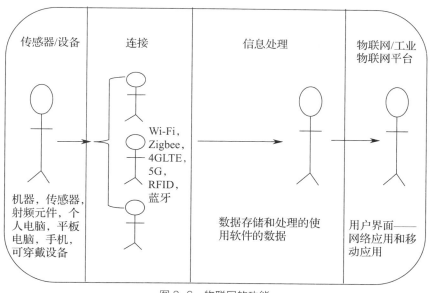

图 3-6　物联网的功能

简而言之，物联网是物理设备、连接设备与智能小工具、建筑物
以及各种安装有电子、软件应用程序、传感装置、执行器和网络连

接的各种其他产品之间的互联网络，从而能够收集和交换数据。在
20 世纪 80~90 年代，将传感器和智能纳入基本物品的想法就已经萌
生。由于还未具备创新的条件，与互联网连接的自动售货机很少被
引入，所以没有什么发展。在连接使得数十亿台工具最终变得经济
实惠之前，需要有足够廉价和省电的处理器。无线射频识别（RFID）
标签和可以无线连接的低功耗芯片解决了几个问题，还提高了宽带
和无线网络的可用性。采用 IPv6 也是物联网的必要步骤，IPv6 必须
为全球的每个设备提供足够的 IP 地址。

工业物联网

随着数字化成为制造企业的首要任务，工业物联网（IIoT）已经
在行业中盛行。因此，IIoT 是物联网的子类别之一，它包括面向消费
者的应用，如可穿戴设备、智能工厂、自动驾驶汽车和机器人。嵌
入车间机器的传感器通过内网传输数据，并运行有工业物联网特色
的软件程序。IIoT 正在改变工业企业的日常运营方式，将机器间的
互动与大量实时信息分析结合，通过评估来自传感器的信息，帮助
企业更好地识别其组织程序，使其流程更加有效，并开辟新的收入
来源。IIoT 生态系统是个人、应用程序和设备相互连接的地方。因此，
大多数大型的工业物联网服务都基于一个主要的工业物联网系统，
该系统可以管理商业物联网网络的方方面面，以及通过它传输的数
据流。

物联网和 IIoT 的关键区别在于业务应用。工业物联网的核心是实时收集和评估来自关联传感器的细粒度信息，从而快速提高运营效率，即时控制库存并明显节约成本。

IIoT 所需的基本组件如下：

- 硬件设施；
- 软件；
- 处理单元；
- 云；
- IIoT 平台——系统应用、移动应用。

制造企业热衷于推行互联工厂、工业 4.0 和 IIoT 理念，以实现最大程度降低运营成本、提高曝光率、控制力和运营效率等效益。这些效益可以通过各种方式实现，其中之一是利用通过关注生产线上的各种要素而收集到的数据来减少浪费和停机时间。作为数字化转型的关键因素，采用物联网技术对制造业来说是势在必行。毫无疑问，将传统生产流程数字化改造为智能制造设施，对于各种规模的制造企业都是有利的（见图 3-7）。

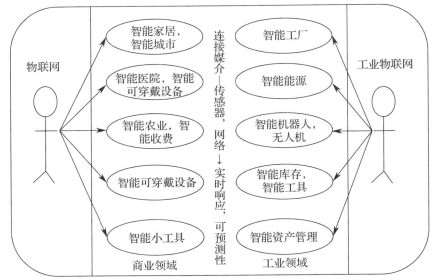

图 3-7　物联网与工业物联网

3D 打印

　　增材制造（AM）是一种 3D 打印工艺，根据数字三维 CAD 模型信息，通过逐层添加的方式来构建三维产品。AM 最初用于快速原型制作，即制作可视化且有用的原型。它可以大大加快产品的开发过程。3D 打印在装满淀粉或石膏产品粉末的容器中构建模型。喷墨打印头穿梭机使用一定比例的黏合剂来创建层。使用黏合剂后，新粉末层被刷到前一层上，再使用更多的黏合剂重复这个过程，直到模型完成。由于模型是由松散粉末维持的，所以不需要额外支撑。此外，这也是唯一一种可以制作彩色模型的工艺。

　　AM 为医疗保健、汽车、航空航天行业、消费品以及商业生产等充满挑战的市场中带来了全新的机遇。3D 打印技术有助于按需制造组织模式，强调交付价格以及更快地生产更多组件的能力，从而提高制造正常运行时间，并在需要时减少生产干扰。

（ Gonzalez, 2021 ）

　　可制造性设计（DFM）经常表明，设计师需要定制他们的设计，以应对与传统生产处理有关的限制，确保模型建造的快捷性。但是，这可能会导致设计师在新产品开发方面的创新灵活性受到限制和约束。传统制造技术可以产生一系列有价值的设计。然而，3D 打印将制造业提升到了一个新的高度，这项技术的最大优势之一是可以开发出更多的形式和形状。

增强现实

　　增强现实（AR）借助现代技术改善了我们周围的物理世界。这一创新将在线的信息与内容实时叠加在真实的场景中。它利用已有的环境，将信息嵌入其中，以此创建一个新的人工环境。它将数字信息和照片叠加在现实世界中，呈现封闭、待探索的空间和特异的人类能力。AR 应用程序随手机一起提供，但将逐渐向免提可穿戴设备方向（如头戴式显示器以及智能眼镜）普及。

利用 AR 技术进行远程维护，可以让任何拥有 AR 设备的员工在生产车间的机器出现故障时，由位于其所在地的专业人员进行指导。微软的 HoloLens 混合现实头戴式耳机是 AR 和虚拟现实两种现代技术的融合，已经被少数制造商使用。

(Microsoft, n. d.)

安全始终是生产环境中一个令人关注的问题。在制造业中，现代技术可以用来确定一系列变化，识别有风险的工作问题，甚至预想已完成的产品。面向制造业车间工人的可穿戴 AR 工具可以用于生产车间工人的生产设备和解决方案指导，它正在以更快的速度来扩展传统的指南、食谱和培训方法。AR 肯定会重塑制造业，而企业需要对于拥有 AR 重点需要考虑哪些关键因素的思路。

数据分析

制造业数据分析的重点是收集和评估信息，而不是流程控制。可以收集来自 ERP、MES 和机器等各种来源的数据，并将其关联起来，以识别需要改进的领域。要想实现最大限度地减少流程差异以提升产品质量，归根结底要靠数据。利用先进的数据分析技术（如统计分析、预测分析等）来降低功能风险并提高服务性能，是目前智能互联制造中需要考虑的十分关键的问题。

那么，什么是数据分析？它是一种通过分解以往的效率和信息来构建洞察力的方法，以确保可以计划并采取具有洞察力的下一步措施。它描述了从数据中获得有益见解的可衡量的、定性技术的集合。我能想到的最直观的例子就是亚马逊网站对数据分析的使用。它利用数据分析，根据顾客过去购买的商品向他们推荐最佳商品。

　　SPC 分析能够提高产品质量，改善流程效率和效益，是每个制造企业所需要的。数据分析在生产运营中的重要性怎么强调都不为过。SPC 是制造流程中质量保证的基石。多年来，供应商使用统计设备研究历史数据，以揭示与等价物之间的特殊差异相关的详细信息：班次、项目、设备、流程、工厂、交易代码等。在评估流程时，非常重要的一点是，将常见原因与变异的独特原因进行比较。特殊的变异表明流程改变，需要进行检查。

　　准确预测需求对制造商来说至关重要。鉴于企业需要提前做出需求决策以完成整个生产周期并将最终产品交付给客户，实时分析需求效率低下。通过预测分析，不仅可以提高生产质量，增加投资回报率和总体设备效率（OEE），还可以为整个企业的各种需求做好准备，超越竞争对手并保障消费者安全。

　　生产企业拥有流程专业人员、卓越运营团队以及对生产流程有深入了解、聪明能干的设计师，但他们需要简单和本能的逻辑设备来从信息中提取价值。提供有影响力的数据驱动生产作业的路径充满了潜在的障碍和错误。通过鼓励流程设计师使用先进的分析工具，可以通过分析信息评估更多的生产问题。大数据、机器学习、机器人技术、人工智能和工业物联网的发展正在对行业和公司产生巨大影响。

仿真

仿真已经成为各工业领域 NPD 的一部分，可以在虚拟环境中发现并测试产品、组件甚至整个系统的习惯。实际上，仿真已经与计算机系统、工业和产品设计过程建立了密切的关系。它还提供了一个低成本、受保护且快速的评估工具。有限元分析（FEA）是利用被称为有限元法（FEM）的数值和数学技术对物理感觉进行模拟。计算、现代编程语言、可视化工具和图形学的进步实际上对仿真创新的发展产生了重大影响。目前，实时仿真技术已经在制造、能源、电力系统、工业产品、阀门、泵、汽车和航空航天等不同的工业领域得到应用。在产品设计和验证过程中，使用仿真方法进行车间制造（如安装新的制造中心、装配线和程序）产生了巨大的优势。

仿真可协助产品设计团队，可以开发和检验各种数字版本的产品，使仿真成为设计过程本身的一部分。仿真的另一个好处是可以从全球任何地方进行远程筛查，这已在新冠（COVID-19）大流行期间被证明。仿真已成为工业 4.0 在决策、设计和流程中必不可少的技术，涵盖生产系统的整个生命周期，也为工业 5.0 的开发和实施铺平了道路，以提高效率、安全性、保障性和生态需求。仿真是控制现代产品设计的复杂性并成功利用快速实现技术提供的可能性的唯一方法。在与增材制造协作时，仿真不仅能确保最终组件具有最佳形状，还能以高成本效益和高度一致的方式进行专门生产。数字孪生模拟还可以提供其他关键产品信息，如实现最佳效率的注意事项、重要故障预测和维护要求。

第五次工业革命

工业的未来都是在进步。工业 4.0 仍然是制造企业首选的技术。中小型制造企业已经部分或完全纳入了工业 3.0 和工业 4.0，并渴望引入更多的技术改进。人工智能、机器人技术、机器学习、数据分析等方面的最新进展，正在催生第五次工业革命或工业 5.0。这将是一场人工智能的转型，同时还有其他创新，包括量子计算以及人、流程、机器和环境的相互融合。机器人技术正变得越来越重要，因为它现在可以利用先进的人工智能技术与人类思维相匹配。既要提高生产率，又不能让人类员工退出制造业，这一强烈需求在给全球工业经济形势带来了新的挑战。工业 5.0 将整合人和机器，以更好地利用人的思维能力和创造力，并通过整合流程和智能系统提高流程效能（见图 3-8）。

工业 5.0 集成了工作环境中的智能自动化、小工具和系统，以增加人、流程、机器人和车间机器之间的协作。它协助高技能员工引导智能设备和机器人更好地工作。制造企业的目标是零废物生产，降低材料和废物管理成本，因而废物产品的减少可能会给经济和环境带来巨大的有利影响。在社会环境方面，工业 5.0 必将更加强调制造业中人的方面，而工业 4.0 只关注技术创新。

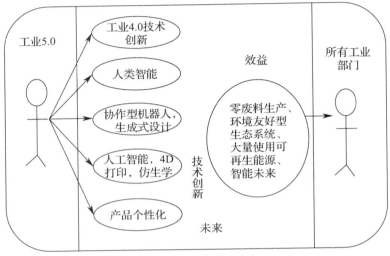

图 3-8　工业经济的未来

　　一个真实案例是日本的机器人企业 FANUC，它是熄灯生产或黑暗工厂的先行者。它们配备了完全自动匹配的系统，可以在黑暗中运作，无须人工指导。

（*Wheeler, 2015*）

　　连接虚拟世界和物理世界是制造商检查数据、跟踪制造过程、处理风险和减少停机时间的主要标准。所有这些都是由于数字孪生技术的出现从而通过仿真实现的。随着当下大数据处理和人工智能系统的创新，有希望创建更合理的模型来描述各种操作环境和流程的特征。数字孪生技术代表了流程中的不可预测性，同时也提供了一种巨大的可能性，通过与系统协作减少浪费。工业 5.0 将在人机交互领域带来无与伦比的挑战，因为它将使机器与人的日常生活非常贴近。

　　工业 5.0 沿用了工业 4.0 中的创新。在技术创新的推动下，人类重新成为工业生产的中心，设备通常在协同机器人的帮助下执行任务。工业 5.0 不仅为消费者提供了他们当下想要的产品，还能完成新的任务，而且比一个多世纪以来的任务更有目的性。

协作机器人

　　协作机器人（又称 cobot），是新型制造机器人的化身，旨在与人类一起协作而非各自为战。在工业自动化领域，协作机器人正经历着快速的市场发展。这些机器人能与人类员工们配合完美地开展工作。传统的工业机器人可能会伤害到周围的人，而协作机器人采用先进的美学技术，并配备复杂的传感装置，使它们能够分辨人的身份并变更任务。协作机器人最大的安全功能之一是其受力限制的关节，这些关节可以感应碰撞力并迅速响应。因其低成本、多功能和灵活性，对中小型制造企业最为利好。

　　协作机器人之所以越来越受欢迎，因为实际上传感器和计算机技术的成本已经很低，从而促进机器人成本的下降。与大型工业机器人相比，协作机器人更容易训练和部署。协作机器人可用于任何工业制造过程，从制造和产品包装到数控加工、成型、测试、质量保证等。机器人不会取代人工雇员，相反，它们将与人类员工一起工作，去完成重复的工作，而这势必能让员工们腾出时间来从事其他工作。让我们快速了解一下协作机器人的发展历程。

20 世纪 80 年代初，机器人被认为是未来的机器；制造商开始通过纳入先进的传感装置和初级机器视觉系统来推动这一前沿领域的发展，以维持工业增长并提高生产竞争力。像所有先进的现代技术一样，协作机器人最初在生产行业也遇到了强烈质疑；其中一个难题是对精细灵活性和安全性的要求。在 21 世纪初，机器学习和人工智能等新兴领域的发展以及软件应用创新极大地推动了工业机器人技术的发展。这推高了机器人所能及的上限，使其有能力快速发现、推动和做出决策以应对挑战，而无须退出全速运行的生产，也无须人力协助。优傲机器人公司（Universal Robots）于 2008 年推出了最初的协作机器人，它可以与员工一起安全操作，无须安全笼或安全围栏。根据国际标准化组织的安全要求和资格认证（ISO 10218），为各种应用开发的协作机器人仍然需要特殊安全和安保要求。由于协作机器人的成本大大降低，成为中小型企业利润丰厚的自动化选择。此外，协作机器人打破了工业机器人的所有规范，因此在制造业引起了广泛关注。

实际上，制造商需要灵活的选择，基于协作机器人的质量保证和评估系统，可以在很短的时间内在不同的最终产品之间切换。最终对制造商非常有吸引力，尤其是对那些旨在满足多品种、小批量生产操作的质量控制要求的制造商。制造商有必要先进行一些研究，以了解其业务需求，了解其投资能力，并了解其所寻求的创新。协作机器人采用智能创新技术，具有可下载的应用程序，对缺乏经验的人来说，只需从平板电脑、计算机或智能设备上点击几下，就可以轻松创建机器人的命令集合。随着市场价值的持续上升，协作机器人可能很快就会成为每个工业领域制造生态系统的主力军（见图 3-9）。

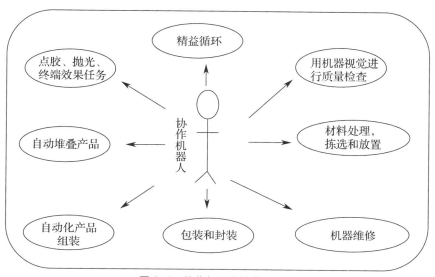

图 3-9　协作机器人的应用场景

人工智能

人工智能赋能机器执行任务，并在工具和技术的帮助下节省人力，这些工具和技术旨在让机器在没有人类干预的情况下完成任务。人工智能是一种现代技术，可以解决大量需要决策、复杂推理和知识的商业或个人活动。人工智能是未来工业经济的持久技术发展。人工智能是对机器中所有自然知识的模拟，这些机器能够发现和模仿人类的行为。今天的人工智能系统主要由神经网络组成，学习过程主要基于机器学习、深度学习。实际上，人工智能系统需要首先获得必要的功能理解。不管是图像、文本、语言还是任何类型的数据，学习数据记录必须数字化。人工智能已经获得了推动力——出色的应用程序供应商实际上已经成功地开发出传统的软件应用程序，以创建更多的替代平台，更好地实现商业智能和分析程序的自动化。

工业革命催生了许多技术创新，为不同行业的数字化转型开辟了道路。数以百计的变量影响着生产过程，因为从车间机器产生的数据是人工智能和机器学习的完美输入。在不同工业领域的技术大亨中，最新潮的术语是人工智能驱动的工业转型。在生产领域，某些设备性能、整个机器和组件都有数字孪生。由于消费者需求向个性化转变，制造商需要利用数字孪生来创造多种最终产品组合。人工智能通过评估放置在车间机器上的传感器数据，帮助维护小组识别潜在的停机时间和事故。工业机器人除了进行自我训练以提高对人工智能的使用水平外，还会检查自身的准确性和性能。协作机器人利用机器视觉与人类员工一起安全工作。

　　谷歌在其数据中心利用人工智能来提高能效。人工智能通过最大限度地减少对环境的影响帮助制造业转型。聊天机器人是一个附加的基本 AI 应用程序，大多数在线商业门户都有，目前它还使用了增强现实技术。聊天机器人利用 NLP 评估文本字段，从而提高客户满意度和效率。媒体领域的人工智能有助于基于先前信息和医学知识发现全新药物；通过整合美国食品药品监督管理局（FDA）的信息，人工智能可以在市场上找到 FDA 批准或拒绝的药品，从而帮助实现药物开发的转型。

　　　　AI 聊天机器人能更好地在官方网页上提供公司详情。
　　　　使用人工智能对中小企业绝对重要；然而，企业经营者绝对
　　　　需要有未来目标，并准备好用最新的现代创新技术触及下一
　　　　个前沿。

　　　　　　　　　　　　　　　　　　　　　　　（*Adam et al.,* 2021）

　　AI 协助制造组织、NPD 团队利用生成性设计方法制造产品。技术正在改变产品设计师设计未来智能产品的方式。设计师将设计目标直接输入生成式设计算法，算法会探索选项的所有可能排列组合，并生成设计备选方案。最终，它使用机器学习来检查每次迭代，并超越迭代。这种创新的应用有助于发现在制造产品时跨工业领域重

新设计零件的独特方法。用一位产品设计工程师的话说，"CAD 应用在设定的约束条件支持下，自动生成许多设计方案，将产品设计师解放出来从事其他工作，在结束时，设计师可以选择他们想更完整地检查哪个生成的设计。"

随着现代技术的发展，AI 更容易用于期望拥抱创新的制造业。在制造业中，采用人工智能使企业能够快速做出数据驱动的选择，改进生产流程，最大限度地降低价格，并改善对客户的界面。这并不意味着生产将由人工智能驱动的机器控制，人工智能机器的存在仅仅是为了协助人类工作，永远无法替代人类的智能或人类天生的能力，以适应工业 4.0 和工业 5.0 之后的到来所带来的意外变化。

4D 打印

新兴的 4D 打印技术仍在研究中。它将 3D 打印策略与高水平的产品科学、工程和软件程序相结合。它利用液晶弹性体、形状记忆聚合物和水凝胶，能够根据客户的输入或独立拾取，以可编程的方式更改物理和热力学形状。基本上，4D 打印是对 3D 打印的一种改进，其中打印的物品在生产后会改变形状。触发器可能是水、温度、风和其他类型的能量。成本降低、软件应用程序设计提升和各种可打印材料的发展，促成了 4D 打印这项现代新技术的发展。

美国宇航局的喷气推进实验室实际上已经开发出了一种高柔性钢材，可用于大型天线、保护弹道舱免受陨石撞击、宇航员的宇航服，还可用于捕捉地表上的物体。

（*Landau, 2017*）

自组装是纳米技术中常用的概念，4D 打印深受自组装概念的影响。关键区别在于，4D 打印品一经发布就会随时间而变形，而不像 3D 打印品这样保持同一固定的形状。在材料方面，4D 打印品利用专门设计的"智"材料。这些材料具有多种商业特性，可以通过外部触发器进行转换。工业 5.0 激发了 4D 打印的灵感，因为它必定有助于专注于产品设计，而不是制造过程。设计的自由将促进产品的发展，这些产品因专门定制而独特。

工业 5.0 的挑战

制造商仍在积极地开发新技术互连的方法，以提高生产效率和产品性能。工业 4.0（工业化的下一个阶段）背后的指导原则已经在全球范围内的许多制造商中显现出来。由于行业的自动化水平较高，现有的业务战略和组织模式必须进行调整和相应定制，以满足工业 5.0 的需求。由于大规模定制，公司将更加注重以客户为中心的运营方式。根据不同客户的偏好，工业 5.0 中的企业要求技术拥有更强的活力，才能在激烈竞争中生存下去。

客户的偏好会随着时间的推移而改变，但商业模式和组织设计很难经常变动。智能制造系统和智能材料需要更高的自主性和社会性，这是作为自组织系统的关键因素。与机器人一起工作听起来很棒，但员工必须了解如何与智能机器一起工作。除了所需的软技能，硬性技术当然也是一个问题。由于目前的系统缺乏综合选择等自由，工业 5.0 还相对僵化。

工业 5.0 的优势

作为行业发展的一个重点，客户满意度确保了产品的定位。客户可以在设计阶段提出他们的偏好，生产线可以不收取任何费用地采纳这些客户指定的偏好。工业 4.0 的数字化转型意味着智能制造设备与互联网相连，工业 5.0 则为 NPD 团队提供了自动化制造、获取实时分析数据以及在设计过程中使用这些数据的能力。制造企业在整个供应链中生产、积累和分析信息，以确保推动质量提升、流程优化、开支减少和合规化的方法。工业 5.0 将工业自动化的精度和速度与人类智慧的重要思想相结合，增加了长效和可持续的政策。哪怕是产生最少量废物也会成为重要的交叉程序，并使组织变得更加有效和环保。

小结

技术驱动的转型需要合适的组织文化，管理人员也应当发挥恰到好处的作用，仅仅靠现代技术还不足以推动变革。商业领袖需要与员工多打交道，激励他们理解并适应新环境。如果能围绕这些新技术注重培育相适应的企业文化，这样的制造业将是具有竞争优势的，他们改进现有商业模式、开发新的可能性、吸收并保留全新技术。战略投资对于每个制造企业的可持续发展仍然是至关重要的。尽管在不同的操作情境中不同的技术集成组合可能比较复杂，但在竞争日益激烈的环境中，工艺助剂制造商仍能获得较高的回报，这确实是一个为制造业提供价值的未来。提高业务绩效的一个关键点是拥有最高效的流程和人员，关注客户的成果，并使用尖端技术来确定需要改进的领域，以通过高效制造，在企业的不同层面发挥工程流程的有效性。

参考文献

Adam, M., M. Wessel and A. Benlian. "AI-based chatbots in customer service and their effects on user compliance." *Electron Markets* 31 (2021): 427–445. https://doi. org/10.1007/s12525-020-00414-7.

Ashton, T. S. 1962. *(Thomas Southcliffe). The Industrial Revolution*, 1760–1830. London, New York: Oxford University Press.

Brettel, M., N. Friederichsen, M. Keller and M. Rosenberg. "How virtualization, decentra- lization and network building change the manufacturing landscape: An industry 4.0 perspective." *FormaMente 12* (2017): 37–44.

Elangovan, Uthayan. 2019. *Smart Automation to Smart Manufacturing: Industrial Internet of Things*. New York: Momentum Press.

Famous Scientists. n.d. Quick Guide to James Watt's Inventions and Discoveries. https:// www.famousscientists.org/james-watt/.

Giedion, S. 1948. *Mechanization Takes Command*. New York: W.W. Norton.

Gonzalez, Carlos M. 2021. Is 3D Printing the Future of Manufacturing? https://www. asme.org/topics-resources/content/is-3d-printing-the-future-of-manufacturing.

Kolberg, D. and D. Zühlke. "Lean automation enabled by industry 4.0 technologies." *IFACPapersOnLine 48*, no. 3 (2015): 1870–1875.

Landau, Elizabeth. 2017. 'Space Fabric' Links Fashion and Engineering. https://www.jpl. nasa. gov/news/space-fabric-links-fashion-and-engineering.

Laurean, Bogdan. "Programming and Controlling of RPP Robot by Using a PLC." *Annals of the Oradea University. Fascicle of Management and Technological Engineering* XIX, no. IX (2010): 2010/1. https://doi.org/10.15660/AUOFMTE.2010-1.1764.

Lee, J., H.-A. Kao and S. Yang. "Service innovation and smart analytics for industry 4.0 and big data environment." *Procedia Cirp* 16 (2014): 3–8.

Microsoft. n.d. A New Reality for Manufacturing. https://www.microsoft.com/en-us/
hololens/industry-manufacturing.

Mowery, D. and N. Rosenberg 1989. *Technology and the Pursuit of Economic Growth*.
Cambridge: Cambridge University Press.

Outman, J. L. 2003. *1946- and Elisabeth M. Outman, Industrial Revolution*. Detroit:
UXL.

Schwab, K. 2017. *The Fourth Industrial Revolution*. London, England: Portfolio Penguin.

Stanley, Jevons, H. "The Second Industrial Revolution." *The Economic Journal* 41, no.
161 (1931): 1–18. https://doi.org/10.2307/2224131.

Wang, S., J. Wan, D. Li and C. Zhang. "Implementing smart factory of industries 4.0:
An outlook." *International Journal of Distributed Sensor Networks* 2016. Article ID
3159805. https://journals.sagepub.com/doi/10.1155/2016/3159805.

Wheeler, Andrew. 2015. Lights-Out Manufacturing: Future Fantasy or Good Business?
https://redshift.autodesk.com/lights-out-manufacturing/.

Witkowski, K. "Internet of things, big data, industry 4.0–innovative solutions in logistics
and supply chains management." *Procedia Engineering* 182 (2017): 763–769.

第四章

汽车行业的转型

　　全球范围内的竞争、日新月异的技术、产品生命周期的缩短、价格的降低、高质量的产品以及要求苛刻的终端客户，是促使制造企业开发新产品、寻找新技术的几个因素。有史以来，世界上最重要的发明之一就是汽车。整个 20 世纪，制造业和汽车业紧密联系在一起，这种联系在未来很可能继续保持。汽车行业不仅包括汽车制造，还包括组装一辆车所需的零部件。此外，钢铁、玻璃、塑料、橡胶、织物和电子设备等许多行业都与汽车制造相关。目前，汽车行业正在经历从外观到速度和先进功能方面的大规模技术革新，当今的汽车不断发展，不仅智能而且动力超强。

　　汽车市场的突破性技术进展就是引入了全面的自动化，这是一个集精度、标准化、互换性、同步性及连接性于一体的过程。产品生命周期预期的数字化转型和对新的尖端解决方案的需求，必将影响行业的所有要素。该行业正处于电子和软件应用将取代机械设备成为最重要组成部分的拐点。汽车、技术和市场潮流的影响并不仅限于设计和制造，而这将对汽车行业产生重大影响：它们将推动商业模式和功能框架的根本变革，成为重要的行业变革者。

　　汽车市场是第四次工业革命的领先者之一。然而，在原始设备制造商和由中小企业组成的分散制造商之间存在巨大的空白，一级供应商和二级供应商则更为普遍。实际上，技术的快速发展带来了设计和制造的改进，推动了电子驾驶系统的发展，改变了客户的选择，人们对可持续性和监管压力的日益关注，以及改变电池结构和发展的措施，导致了价格的大幅下降，为电动汽车（EV）制造及其设备提供了大量的可能性。

　　汽车已经并将永远是人类日常生活的重要组成部分。追溯车辆及其零部件的发展，它从基本功能阶段发展到目前已经达到相当豪华程度的进步，也会引发一些问题：乘用车的未来会是怎样的？汽车行业的产业转型能力如何？未来工厂是否有能力将机器智能和人类智能相结合？拥有如此先进复杂的现代技术，行业增长将如何？让我们更进一步探讨汽车行业的几个方面。

流程革命

　　汽车产品的开发具有诸多特点：管理的复杂性、可追溯性、对信息重要性的认识、对理解的信任、可靠性、广大分销商、竞争激烈的对手、高开发成本、长交付周期、强专业技术实力、快速变化的技术和固有的危险性等。重点是创造出符合优质客户标准的产品，以便该产品最终在市场上获得成功。中小企业 / 原始设备制造商必须通过精心布局实施的新产品开发流程取得成功，这是汽车企业成功和生存的重要步骤。NPD 流程包括从批准新产品的建议或概念到在制造阶段实现产品并将其引入市场的所有任务。一般来说，NPD 包括产品发布前的不同阶段，如规划、产品和流程设计与开发以及流程批准。

为了使 NPD 取得成效，生产、工程、研发、广告和营销、财务和采购部门之间需要同步。难点在于制定一个成功的产品创新流程，使新产品工作能够快速、有效地从概念阶段发展到成功上市，从初步构思到最终授权完成设计的开发过程跨越了数年的时间，其中设计组共同生成最终产品信息。质量功能展开（QFD）用于将客户需求转化为产品和工艺设计需求，并确定需要紧急改进的技术要求，因为它不仅涉及客户，还涉及竞争对手。

汽车行业对零部件供应商和原始设备制造商（OEM）的主要挑战是关注所制造产品的质量成本比。客户的期望不断变化，所以，汽车制造商需要不断进行革新，以确保可以避免错误。因此，质量保证用来确保出厂的每件产品都具有最高的质量，以满足消费者的预期。IATF 16949 技术规范是一项得到许多国家和汽车制造商认可的国际质量标准。IATF 16949 有助于制造商在整个供应链中提高效率、绩效、灵活性和安全性。它为汽车制造商实现最佳质量实践提供了从设计（产品和工艺）到交付客户的最终产品的生产框架。任何汽车中心都可以采用高级产品质量规划（APQP）、失效模式与影响分析（FMEA）、统计过程控制（SPC）、生产件批准程序（PPAP）和测量系统分析（MSA）等质量工具来推动其支持 IATF 16949 质量保证的战略。客户定位、创造性思维和发展是影响产品成长过程的重要变量，与新产品开发过程中的高质量密切相关。

以下是全球不同地区遵循的一些质量控制方法。

六西格玛

六西格玛（Six Sigma）是一种业务绩效提升方法（由摩托罗拉制定），旨在将各种错误和缺陷降到最低，达到百万分之一的程度。它包含定义—测量—分析—改进—控制（DMAIC）和定义—测量—分析—设计—验证（DMADV）方法，可弥补流程中的不足。汽车行业中的六西格玛 DMAIC 方法提供了一个框架，用于确定、测量和消除操作流程中的变化，以及优化问题变量，通过过程返回和执行良好的控制策略提高可持续效率。汽车行业中的六西格玛 DMADV 方法为创建新的无缺陷产品和流程提供了一个框架，以满足质量关键点（CTQ）方面的要求，从而确保客户满意度。设计过程是最昂贵也最耗时的阶段之一：在产品设计错误检测较晚之后进行的无数次调整是贯穿于汽车部件和汽车感知阶段的重要议题。因此，在处理实体模型、频繁反馈之前的决策以及无休止的调整过程中，总体任务成本会显著增加。识别、设计、优化和验证（IDOV）是六西格玛设计（DFSS）团队用于设计产品和服务以满足六西格玛标准的阶段过程。

丰田产品系统

浪费的具体表现包括供应过剩、辅助处理措施和物品故障等。所有这些"浪费"因素相互结合，产生更多浪费，最终影响汽车企业的管理。丰田生产系统（TPS）由丰田汽车公司开发，基于两个理念：一是"jidoka"（人性化的自动化），当发生问题时，设备会立即停止，避免生产出次品；二是JIT原则，即每道工序只生产下一道工序所需的产品，并保持连续性。通过重复TPS流程，车间机器的复杂性降低，经济性提高，因为维护变得更省时省力省钱，这样就有可能开发出与生产量波动相适应的基本的、精细的、多功能的生产线。

精益生产

精益生产是一种通过持续改进（日语：kaizen）并消除浪费提升流程效率的技术。精益原则实际上已经彻底改变了汽车市场，使其能够降低成本并提高效率。精益生产已经迁移到一个更全面的实施领域，称为精益管理。这是一种常见的流程管理观点，主要源自TPS。精益生产是一种经过实践检验的方法，旨在消除企业流程中的非增值活动和浪费。它致力于减少人力、生产空间、车间机器的财务投资，并缩短开发新产品的周期。价值流映射（VSM）使制造商能够制定强有力的应用战略，最大限度地利用可用资源。在精益生产的过程中，VSM起着启动平台的作用，是开始确定改进其流程的最佳方法。

VSM 的目标是在识别、论证和减少浪费的同时，突出将显著影响整个制造系统的改造机会。

> 对中小企业而言，由于资源有限，要想享受精益管理带来的好处，管理层要对精益管理有广泛的了解。精益生产需要奉献精神，也需要中小企业内每个人的参与。围绕精益的原则实现短期目标通常是非常简单的。
>
> （Alkhoraif et al., 2018）

实施精益管理的中小企业通常有一个框架和简单的系统，它可以促进企业的多功能性，以不断发展和传播信息。精益冰山模型认为，精益工具和程序的执行需要确定定位、管理和参与等不可忽视的组成部分。满足需求的压力必须通过保持甚至提高质量来谨慎维持。这就是精益生产理念发挥作用的地方。随着工业 4.0 和 IIoT 的实施，精益生产的目标将更快地完成。精益生产的原则融入了更少的边际创新，促使持续的实时监控、更快的决策、更高的效率以及更精简的程序成为可能。精益是一段旅程，而不是最终的边界。

世界级制造

世界级制造（WCM）的理念是成为最好、最快和最便宜的产品和服务制造商。菲亚特集团将 WCM 定义为一个结构化的集成制造系统，包括工厂的所有程序、安全氛围、从维护到物流再到保持高质量的产品。WCM 建议持续改进产品、流程和解决方案，以保持行业领先地位，并为客户提供最有效的选择，无论客户在流程中处于哪个位置。WCM 要求所有决策都基于无偏见的测量信息及其分析。它将人员、流程和创新能力结合起来，形成一种持续改进的文化，从而实现零损失、零客户投诉、零质量缺陷以及零设备故障和事故。

　　由于生产程序修改、消费者需求和破坏性趋势都会影响汽车供应链网络中的资源、零部件和成品组件，因此要在整个供应链中进行质量控制。在汽车新产品开发（NPD）和新产品导入（NPI）流程中，供应商开发确实是一个至关重要的角色，减少了供应商和制造商之间的零部件流动。现在，中小企业可能会有这样一些问题：应该使用上述哪种方法来改进流程？中小企业在业务改进方面的经验少得多——最好是采取垫脚石方法。流程设计人员评估并创建程序以提高性能，并扩展其业务服务范围。在各种技术中进行选择的决定不需要是纯粹的。将来自客户的需求和不断变化的需求作为基准，这是在整个产品开发过程中通过保持质量将客户的确切需求转化为产品的起点，一项技术的完美执行并不是目标。如果需要，要多方面兼顾，不断跳出条条框框的约束进行改进。对于服务和消费者来说，结果才是最重要和更有价值的。随着工业转型和创新制造商的到来，早期质量转型的理念之前被认为是不可预测的，并且在很大程度上取决于个人技能。持续改进技术成功的根本因素在于领导的支持和参与度、战术上的聚焦以及执行力。

经济学家广泛使用技术或工业技术来描述程序、制造方法或独特产品的新突破。这些产品可以通过一组服务进行配置，以进一步提高产品价值和使用率。设计具有持久价值的自动化组件系统的挑战在于了解未来可能的需求。需要特定的同步性，以使产品开发与生产过程中的自动化相一致。企业需要进行电子化升级，目的是将所有相关的孤岛系统连接起来，开发一个相关信息的统一集合，该集合通过一个无缝数据连接的生态系统流动，所有内外部服务合作伙伴都可以获得，称为数字线程。它有助于上下游工作都使用完全相同且可信可行的产品定义信息，以交付高质量的产品，避免对同一信息的多种解释，从而实现工程调整的交互作用，做出更快的决策并轻松执行。因为在项目供应链中，NPD/NPI 的所有跨职能团队都可以随时使用这些信息。产品工程师和生产工程师之间加强合作有助于设计制造程序。通过连接智能产品，制造商可以从产品的现场性能和使用中收集反馈。因此，推进产品设计可以为客户创造全新的组织机会。

流程转型的业务需要

在工业领域，技术创新日新月异，未来并不确定。因此汽车企业必须迅速地最大限度地利用全新的可能性，从这种颠覆性的发展中获益。流程转型是每个中小企业（一级或二级供应商）和原始设备制造商（OEM）的会议室都在谈论的热门话题。由于生产和供应链过程中的流程转型，汽车供应商和 OEM 需要为整个价值链的重大变革做好准备。流程变革是为了实现一些重要目标，如利用技术获得更好的服务结果，并通过创新优化公司流程。没有一个单一维度适合所有供应商和 OEM 进行有效的流程转型。汽车行业的每个供应商和 OEM 都是不同的，都有自己的做事方法和流程。了解优势在哪里以及如何利用优势，才是真正实现转型与只是停留在可望而不可即的愿望之间的区别。

　　从产品开发、制造、分销和最终消费者的日常使用开始，任何技术和工艺开发都必将对既定标准产生切实的影响。对汽车企业来说，运作良好的流程转型可以在运营、减少浪费、降低成本、高质量的产品和市场战略等各方面带来实质性的有利调整。这通常涉及对实现特定目标所需要采取的行动进行评估，以减少不必要的步骤并尽可能多地采取自动化操作。提升消费者的旅程体验需要汽车行业认可每一项现代技术、流程和能力以及提供卓越体验所需的转型。要在数字化、智能互联时代持续发展，需要具备预测智能并把握好理想时机，以应对工业经济的变革。

　　首先，最重要的是关注对流程变革成功有直接影响的现有能力基础。目标必须是对程序、个人和技术进行必要的改革，以使业务与组织的战略和愿景保持一致。端到端客户体验优化、功能灵活性和技术开发是组织数字化转型模式的关键驱动因素，该模式创造了新的收入和价值。自动化已被证明是提高生产效率的有效转型工具。机器人技术、人工智能和机器学习等领域的惊人进步将助力汽车行业的中小企业 OEM 实现更加经济实惠的转变，缩短设计和制造周期。随着一些新的现代技术创新和市场变化同时冲击着汽车行业，汽车零部件供应商正面临 20 世纪以来最艰难的环境之一。汽车零部件制造商或原始设备制造商是否为当今汽车行业的发展模式做好了准备？如果是这样的话，那么流程转型就应该被视为一个长期的过程，在开始行动之前，需要澄清一些问题。

流程转型革命

生产过程中的数字化技术正在改变汽车制造业的每个部门，从产品开发到制造，再到销售和服务。在工业 4.0 时代，客户对新的数字化创新服务的期望和需求不断提高，加速了流程转型的步伐，使以组件硬件为驱动力的汽车行业转变为以软件程序和解决方案为核心的行业。机器人、数据分析技术的快速发展，以及信息和通信技术的兴起，将企业的管理和流程与客户联系起来，从而实现了数字化连接。对技术创新及其对商业模式的影响的意识需要提高。因此，企业必须投入大量的精力和时间，将这种倾向带到全新的环境中，不仅从技术角度，还要考虑到数字化和巧妙的现代技术对安全流程的影响。为了实现卓越的功能和战略提升，汽车行业的领导者需要着眼于现代技术，对企业内部的不同服务流程进行触底转型。这里讨论了汽车行业流程转型的几个领域，将能够帮助中小企业和原始设备制造商。

汽车行业的激烈竞争迫使制造企业投资于更先进的设备及更智能的方案，以提高新产品质量，同时又不影响时机。为汽车行业发展奠定基础的支柱性现代技术是包括 CAx、PLM、ERP 和 MES 在内的高性能计算。

为中小企业实施产品生命周期管理

产品是汽车行业的生命线，而且正变得越来越先进和智能化。CAD 数据提供了所有产品制造中小企业（SME）和原始设备制造商（OEM）的产品详细信息。为了有效地维护信息，需要向产品设计和开发的所有跨职能团队（CFT）显示这些 CAD 详细信息。这些系统最初作为工程数据管理而被建立，用于管理 CAD 数据。随后发展为产品数据管理（PDM）系统，用于管理 CAD 文件、物料清单、变更和修订控制。产品生命周期管理（PLM）管理产品生命周期的各个方面，从概念设计到产品退役，与全球范围内的扩展企业合作。

商业挑战

中小企业在处理原始设备制造商管理的 3D CAD 数据方面面临同

样的挑战。工程师和设计师尝试多种产品设计方案，以找到最佳解决方案。为了应对这一复杂工作的挑战，他们需要追溯昨天和前一周设计的内容，以及他们希望保留、替换或审查和批准的内容。因此，这个过程对产品开发团队来说并不轻松。

前提条件

用于产品设计建模的 CAD 应用程序包括设计数据以及有关产品的详细信息，如零件号、零件类型、客户以及根据客户要求和 NPD/NPI 程序进行的修订。

方法

产品数据管理（PDM）创新和执行过程的基本组成部分无须太多投入，因为它涉及企业内的整个跨职能团队、愿景和管理战略。首先，两个关键功能是配置管理和流程管理。配置管理的主要任务是跟踪项目每个版本的正确文档集。流程管理用于将企业中的许多流程自动化。利用受保护的库，从工程设计到生产的所有参与者都可以访问 3D CAD 环境及其相关数据。这使得与任务相关的每个人都可以共享详细信息并共同完成设计，同时通过自动变更和修订控制自动保护产品的版权。

结果

PDM 作为 PLM 的核心，对产品开发的各个阶段（从最初的构思到设计、开发和制造）的数据进行完整的配置控制。它为产品开发团队提供了获取与产品相关的所有详细信息的途径，这些详细信息涉及产品生命周期不同阶段的各种限制和需求。PDM 和 PLM 目前主要由云计算技术驱动。云是共享数据的完美标准。它加快了实施的速度，不仅提供了适应性，还降低了总持有成本。云 PLM 促进了整个社区的进步和灵活性，使扩展企业成为可能。在工业 4.0 时代，中小企业除了重塑产品外，还将不断加快生产速度，同时提高可持续发展能力。这也降低了 PLM 的成本和应用，并为数字化铺平了道路。中小企业需要从产品数据管理开始它们的流程之旅，然后继续到产品生命周期管理支持新产品开发过程（见图 4-1）。

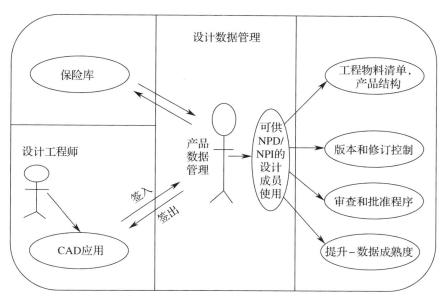

图 4-1　实施 PDM：PLM 的基础

为中小企业实施过程控制系统

自动化已经接管了汽车制造的装配线，其中包括四个过程，即焊接、冲压、喷漆和装配。维修技术人员仍在现场监控可编程逻辑控制器（PLC），特别是发现故障所在并采取必要的措施。PLC 对生产车间的流程改造做出了很大贡献，因此在工业企业，特别是计划采用工业 3.0 的中小型制造企业中扮演着重要角色。制造执行系统（MES）集成了多个控制系统，提供视觉监控应用程序，其中之一是应用数据采集与监控（SCADA）系统来收集实时信息，从而有效地调节和监控工业机器以及生产过程。此外，它还构成了 IIoT 的基本流程驱动。

商业挑战

大多数中小企业和原始设备制造商面临的一个重大挑战是，难以将众多车间机器与执行专门操作的机床连接起来，在不同设备和装置之间实时共享信息，并将其整合为可读、可操作的任务，从而影响汽车生产流程的各个要素。流程控制自动化值得关注。当今的许多产品都是借助闭环信号链制造的，操作人员的干预较少。生产车间要求准确性和有限的故障数量，因此需要经常对制造过程进行测量和监管。

前提条件

硬件 –PLC、软件 –SCADA、人机界面（HMI）、分布式控制系统（DCS）、MES、车间机器、传感器、执行器。

方法

PLC 的功能被分为三大类，即输入、输出和中央处理器（CPU）。工业自动化领域的创新仍在使用某些类型的手动控制，这并不总能保证最佳性能。通过使用控制工具，可以优化程序，提供安全可靠的操作，更快地提供数据。PLC 是一种从连接的传感器和输入设备获取信息、处理数据并根据预先编程的规范触发输出的设备。它通过监测设备和机器连接的输入以及利用软件程序 SCADA 来记录工厂车间的信息。生产线操作员即使从远程位置也能监控和调节 PLC 并记录数据。将 SCADA、MES 和 HMI 系统与企业级解决方案相结合，制造商能够查看和控制 PLC 上的信息。

结果

通过安装 PLC 和 SCADA 系统，以及建立严格的交付程序，通过信息技术系统监控和工业控制设备，从而提高产量、效率和绩效。

热处理过程

在谈到汽车零部件的制造工艺时，材料起着至关重要的作用，而如何对材料进行热处理以获得强度和稳定性是必须考虑的问题。尽管电动汽车已经问世，但汽车零部件的热处理仍然是一个重要环节。它在产品开发和新技术的持续发展中发挥着至关重要的作用。各工业领域热处理工艺的发展都考虑到了能源投入的保护、对环境的关注、以现代非传统方式使用标准材料以及执行增值程序以升级现有材料，从而满足更严格的准则、人力安全和客户需求。在汽车车身和结构件中引入轻质铝合金，对提高部件强度和延展性的热处理工艺和设备造成了额外的负担。在汽车市场上，对动力总成元件进行热处理后，正确控制变形问题是确保顶级部件以及最小化硬加工程序以降低总体生产成本的关键措施。为了应对汽车制造过程中的挑战，对机械和冶金性能增强的钢和铝材料的产品需求日益增加。以下是 SCADA 用于提高安全性、简化和自动化热处理流程的用例（见图 4-2）。

商业挑战

热处理工艺的自动化在汽车行业中有着广泛的应用。在中小企业中，大部分热处理工艺都是在手工操作情况下进行的。在整个过程中，操作人员需要持续监控加热室，并保持钢材加热的温度和持续时间。

前提条件

热处理过程的重要条件是精确的温度控制、准确的空气结构和特定的时间安排。材料的大批量热处理是在持续加热的过程中进行的，材料不断地进出加热室，没有实际的起止点。

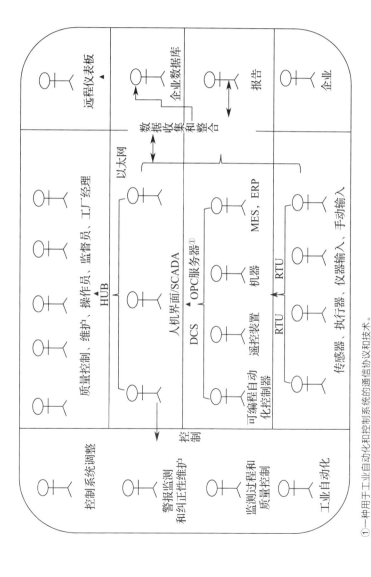

图 4-2　车间流程控制自动化

① 一种用于工业自动化和控制系统的通信协议和技术。

方法

SCADA 通过用户友好型的在线设备，为热处理设备提供远程操作和监控加热系统的惊人能力。它有助于控制流程并立即收集信息，以确保系统准确无误地运行，同时精确记录流程的每个环节。PLC 可帮助调节温度设置、风机速度等，对出入口终端进行控制，包括处理设备的电机和液压缸。SCADA 能够确保不同的项目以不同的循环系列通过工作站，同时确保符合广泛使用的行业标准中规定的完整性和合规性要求，如航空航天行业的 AMS2750 和汽车行业的 CQI-9。

结果

诊断系统会发出准确的警报，提醒操作员或维护人员立即识别任何异常情况，并及时确保常规操作的安全。除了强制中小企业资源在引入制造之前证明工艺能力外，还可以利用生产件批准程序（PPAP）建立和记录固定热处理程序。它确保了正式的质量准备，并迫使供应商报告和记录任何类型的工艺调整，防止使用不合格产品，并降低了担保索赔的可能性。

热处理过程中的预测性维护

加热工艺炉的预测性维护将显示是否需要进行特殊的维护活动，从基于时间的维护转变为基于状态的维护。能源消耗取决于功率和时间。许多工业领域正在使用真空加热系统，而不是高炉，因为前者产生的二氧化碳少得多，而且对环境友好。IIoT 有助于识别任何类型的问题，无论是系统的一部分还是整个加热系统，并预测故障，从而在不损失生产力的情况下确定最经济的维护时间和方法（见图 4-3）。连接到热处理设备的设备完整性得到了显著提高，从而使维修技术人员无需进行物理信息收集。热处理车间的现代化对行业的成功和生存至关重要。预测性维护技术正在成为汽车行业热处理性能和效率分析的有力工具。

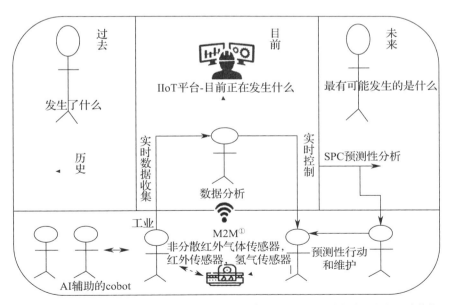

①数据算法模型（M2M, Machine to Machine），是指数据从一台终端传送到另一台终端，即机器与机器的对话。

图 4-3 热处理过程中的 IIoT 和 cobot

增材制造

加快产品进步和技术创新对企业的成功至关重要。快速原型制造已成为新产品开发的最关键要素之一。利用三维 CAD 数据快速制作物理模型,可以快速高效地将巧妙的概念转化为有效的最终零部件。产品布局以及构建、评估和微调的原型程序,适合设计过程的所有重要阶段。原型是最终产品的初步变体,它用于评估设计、测试技术或评估工作原理,随后为实际工作系统提供项目规范。汽车零部件设计过程的快速原型工具目前已朝着增材制造(**AM**)或 3D 打印的方向发展,这将改变原始设备制造商和中小型汽车零部件制造商的游戏规则。

生成备用零部件是 3D 打印的经典示例。保时捷利用 3D 打印技术为其老式和停产设计提供零部件。福特将 3D 打印技术融入其产品设计和开发流程,并创建用于布局验证和功能筛选的 3D 打印原型。

(*Newsroom, 2018; Henry Ford, n. d.; Ford, n. d*)

AM 可以在预制造阶段快速制作原型。最常用的方法之一是确认模型,从及时发布的小信息到用于效率验证的高细节主要组件。它降低了成本,也缩短了计算机数控(CNC)生产的交付周期。3D 打印制造的零件更便宜,而且其内部制造时间更短。它有助于汽车行业的设计，使产品开发人员能够在 NPD 的各个阶段对相同的信息进行多次选择和迭代。3D 打印的零部件更符合人体工程学，操作员的互动性更高，因为可以轻松地将建议纳入设计模型，所有这些都带来了无与伦比的效率水平。

虚拟现实和增强现实

汽车整车和零部件设计师与汽车原型进行交互，以更好地识别零部件之间的通信。随着虚拟现实（VR）帮助企业大幅减少汽车促销所需的车型数量，产品设计审查最终变得更加高效。因此，VR 和 AR 的出现是工业 4.0 中最有前途的创新，已在汽车行业广泛展开。VR 为新产品开发 / 新产品导入和供应商在完全相同的虚拟工作空间中聚集所有跨职能团队提供了机会；因此，它有利于解释偏差，带来更快、更可靠的决策，并为培训工程师提供广泛的助力。AR 正在迅速普及，为企业和客户创造价值。

> AR 技术在汽车上的应用是对驾驶者体验的提升，可以在挡风玻璃上的透明显示屏中发现更多有关周围环境、故障的详细信息，以及提供任何类型重要事件的即时细节，而无须分心驾驶。
>
> （BMWUX, n. d.）

AR 的独特之处在于，它允许用户使用技术支持的图形与现实世界连接。对于无须汽车修理工即可快速解决的问题，运营商可以为自助服务提供此技术。

质量标准

自动驾驶汽车的发展将改变汽车行业的运营方式。大规模采用这项现代技术有赖于观念上的重大转变，但并非不可能。对于汽车市场来说，困难在于根据观念的转变来决定投资的关键时机。进入新市场的潜力不仅限于汽车，还包括全球对汽车零部件的需求不断增加。这些变化给为汽车原始设备制造商及其供应商提供服务的电子制造服务（EMS）提供商带来了明显的生产障碍。

考虑到消费者满意度的提高、产品的安全性、性能的改善以及底线的提高，不难理解为什么质量保证体系在汽车行业的价值越来越大。安全是重中之重，高质量的监控系统是车辆及其零部件通过安全检查和标准的重要手段。汽车产品除了功能质量外，还需要满足合规性，以确保企业遵循行业理想实践。因此，其中一项技术是IATF 16949，这是一项全球公认的高质量管理标准，它提供了一个框架，用于实现组织中的最佳技术，涉及从设计到最终产品及其进入汽车供应链的零部件生产的所有领域。缺乏资源来满足这些日益增长的需求的中小企业可能需要利用其较大业务伙伴（包括分销商和检查分包商）的质量保证能力。这意味着中小企业需要让其社区合作伙伴为客户提供具体的合同担保。中小企业还需要对其主要外包的供应链采取行动，以确保供应的连续性、第二来源的需求，同时也要遵守有害物质和道德采购标准。据了解，原始设备制造商在与中小企业合作的同时，也在开发自己的补救措施，并经常向中小企业学习。

许多复杂的产品充斥着汽车市场，因为大多数汽车都配备了各种传感器、消费电子产品和信息选项。例如，为了应对车厢内各种其他创新带来的干扰，需要不断提升司机的辅助系统。实际上，汽车行业的产品和工艺开发速度突飞猛进。满足这些市场要求的原始设备制造商的汽车供应商表明，它们可以以较低的故障率来提供更高质量的产品。汽车软件过程改进及能力评定（ASPICE）就是这样一个行业标准。它提供了一个框架，用于指定、执行和评估汽车行业中以软件应用和系统组件为重点的系统增长所需的流程。在选择供应商时，原始设备制造商可以利用 ASPICE 结构检验分销商的能力和质量。另外，ASPICE 可被证明是供应商将其现有的高质量提升几个级别的理想结构。这包括一级和二级供应商可以为其产品提供的支持，体现了其内部流程的可靠性和一致性。

从第三次工业转型到第四次工业转型，再从第五次工业转型，数字化的发展方向包括自动化、机器人、协作机器人、人工智能、机器学习系统。对汽车行业的中小型企业和原始设备制造商来说，迅速适应市场的这些根本性转变以占据竞争优势至关重要。组织需要得到发展，以变得强大，并能够很好地应对日益加快的流程转型步伐。

流程转型中的业务挑战

过去几年，流程转型、自动化和新商业模式的引入改变了工业领域，企业需要适应新的生态系统。诸如增强连接、生态指南、IIoT、无线服务和客户假设等模式推动了对汽车行业流程改进的投资。在这个智能互连的制造世界中，流程转型工作将技术驱动的时尚与消费者需求结合起来，以保持经济实惠。智能互连的供应链降低了成本，吸引消费者更好地参与，并收集用户数据以提供更好的服务。除了生产准备，制造商还面临着成本计划和准备、排放计划、会计、库存监控等方面的挑战。在流程转型的背景下，由于使用了大量信息，这些任务变得越来越复杂。

中小企业面临的共同挑战是客户购买力降低、沟通受限、资源缺乏、订单取消、现金流问题和供应链混乱。为了迎接产业转型（工业 3.0 到 4.0 再到 5.0），中小企业应迅速做出响应，制定总体数字化战略，以免被过多的可能性淹没，需要变得更加灵活、快速和大胆。中小企业需要对流程转型有一些大致的了解，同时也需要定位。少数不熟悉技术的中小企业很难理解数字化的内容，使用的技术、如何专注于目标，以及需要哪些业务变革（如技能和职能）。中小企业实现这一目标并不一定需要大型的、昂贵的应用程序。许多商业应用程序都是基于云的，并提供 14 天到一个月的试用版，这让中小企业有足够的时间来判断相应的应用程序是否适合自身的业务流程。中小企业越早应对上述挑战，就能越快地获得收益，并在竞争中占据有利地位。

原始设备制造商、大型企业都有许多孤立的系统，包括大量与消费者互动相关的信息碎片，但缺乏切实可行的方法将之整合。其中一种方法是通过检测和发现技术，根据个人评论和用户数据定期添加、评估、修改和调整新功能，从而走上成功之路。及早发现新兴市场或技术差距，或者提高竞争对手的知名度，都会促使企业迅速做出反应。企业还可以建立旨在为其转型历程的未来状态生成前瞻性概念简介的流程。企业上下都需要献身精神和适应心态。未来的发展和活力需要同等重视各种指标，包括客户满意度、合作伙伴关系增长、新产品上市时间跟踪以及内部调整事项。一个有效的方法是每隔几个月后退一步，评估企业在这个竞争激烈的市场中的盈利情况。

总的来说，汽车制造商需要向现代技术的引领者学习，开始将整个生产流程数字化。汽车行业面临的其他一些相关挑战，包括安全和安保、合规性、满足客户要求和数字期望、管理大数据、与全新伙伴的流程改进专业人员合作，以及开发影响汽车行业各个方面的价值链。原始设备制造商正在率先采用流程改造和巧妙创新，而少数中小企业则处于起步阶段。对汽车行业的流程变革和企业的资金投入，需要始终关注投资回报率最高的案例。任何类型的变革都需要从分析和研究已尝试与评估的业务设计、程序和组织结构开始。基于令人信服的愿景和由此衍生的服务技术，流程转型必须涉及广泛的战略，可持续性是流程转型的重要组成部分，并确保以支持业务目的的方式执行创新战略。

从流程革命到流程转型

工业转型的真正价值在于最终弥合生产与工程之间的空白。当产品更新时，生产所需的一切，从生产图示到材料费用，都可以在每个工厂进行。此外，由设计工程师直接提供实时生产信息还能缩短大量的迭代和模型验证的时间。从产品概念到生命周期结束，中小企业和原始设备制造商的重点是安全地处理产品数据，有效地进行决策和预测。

允许协作机器人管理危险作业，可以提高工作环境的安全性。带有电子视觉摄像头的协作机器人通过简单集成进行测试和质量检查，确保最终产品的高质量，在将缺陷组件发送到最后一次装配之前识别它们。协作机器人逐渐得到人工智能和机器学习技术的支持，这些技术让它们在分享发现的经验教训的同时完成高级任务。制造自动化不仅仅包括引入全新的现代技术，还可以将现有的自动化系统升级为更小的系统，并让新的控制变得更加有效、高效和可实现。

智能产品的进步，包括可对特定外部环境做出反应的有用组件，以及 3D 打印技术的普及，为 4D 打印技术的发展奠定了基础。汽车行业的 4D 打印技术可以带来适应自然条件变化的精加工。4D 打印创新与协作机器人结合，使它们能够打印定制的汽车零部件。

在人工智能的帮助下，原始设备制造商和中小企业可以实现流程、设备、装置、劳动力需求、需求预测、库存、物流和监控的自动化。汽车行业采用人工智能创新后，在传统零部件制造商、技术巨头和利基初创企业（服务提供商除外）之间建立了众多合作伙伴关系。对原始设备制造商来说，拥抱人工智能所付出的努力和代价是值得的，它们已经做好了承担经济风险的准备。供应商可以利用人工智能驱动系统来创建例程、管理流程、让机器人（在一定程度上）与生产线上的人员一起工作，识别组件中的问题。人工智能还可以促进产品设计和开发过程自动化、速度和准确性。由人工智能驱动的硬件可以对许多项目进行可视化检查并提供卓越的质量控制，如机加工零件、喷漆车身和独特的钢材表面。人工智能驱动的创新实际上已用于自动导引车（AGV）。AGV 依靠人工智能，无须任何人工辅助，可以识别拥挤的物体，调整路线，并为汽车工厂的各个部分供应材料。尽管困难仍然存在，如软件增长的复杂性、合规性和法律，但是汽车行业的各个领域已经在利用人工智能技术提高效率和优化程序。变革和发展的最大推动力来自汽车中使用的电子、信息和通信技术。供应商在系统设计、制造和装配供应链控制方面发挥着重要作用。工业 4.0 的创新被安装在汽车上，技术公司与汽车市场制造商之间的关系也将发生重大转变。

中小企业是工业经济发展的基础。对中小企业来说，最关键的问题是保持高质量，并不断努力提高质量标准和范围。其中的几个主要变量是工艺中大量的手动操作、信息流中断以及缺乏经验丰富的人才。汽车行业的发展实际上有助于中小企业适应汽车行业大环境的发展，它们的标准提高了，相应质量也提高了。当务之急是中小企业率先采用全新的技术，并使其成为组织方法中不可或缺的一部分。那些成功理解数字化力量并在企业中利用数字化的人将引领这一新的增长时代。

利用工业 4.0 技术进行高效的实时监控和分析是智能互连制造环境的真正需求。生产中使用的制造执行系统可用于跟踪和记录从基础材料到最终产品的转变过程，与机器人自动化以及机器与机器的对话（M2M）通信集成，实现实时数据跟踪和分析能力，从而提高汽车生产的灵活性。利用从车间任务中创建的实时信息，顶级质量和生产设施人员可以执行根源分析，并及时进行程序调整。采用顶级质量方法和工业 4.0 创新技术有助于更快的实时互动，并确保持续的国际运营，从而增强监管合规性。对于汽车原始设备制造商和中小企业来说，提供高质量和绝对无问题的产品不仅在质量控制方面至关重要，在安全方面也至关重要；这也将转化为一种积极的体验，即消费者完全满意的最高标准。

随着工业 5.0 的到来，汽车行业的生产流程可能会因人工智能发生巨大变化，以确保不再需要人力来完成相同的任务。同样地，制造商也在探索使用外骨骼可穿戴工业机器人来保护员工，使其在保持最大移动能力的同时，变得更加强大。机器人、协作机器人和人工智能程序最终会改变对低技能工人的要求，这自然而然导致需要对这些员工进行再培训，以完成更高级别的任务。随着制造企业利用高级软件应用程序 IIoT 分析重要数据，汽车制造商可以朝着精益生产的目标努力，从而提高总生产率和流程质量。对离散制造商和原始设备制造商来说，是时候迎接工业 3.0 和工业 4.0 向工业 5.0 的技术变革了。汽车制造企业通过将 AR 工具与先进的图像识别现代技术、计算能力、物联网 /IIoT 工具和人工智能相结合，开发出功能真正强大的评估设备，从而有目的、有针对性地提升其运营水平。

小结

汽车行业的工业转型潜力巨大。人、机器和生产流程智能联网，可以更快地开发出高质量的个性化产品，也可以使成本更具竞争力。未来的行业将允许在其源头开始转型，以提前满足消费者需求。它不仅包括生产流程的改变，还包括智能工具、减少人工劳动、大幅减少停机时间以及最重要的适应性制造系统。由于工厂对自动化的需求日益增长，未来肯定会有更多价格合理的协作机器人、软件和小型个性化工作站。因此，不仅是产品，还有制造产品的设备也是可以模块化的，可以根据产品设计的变化进行定制。未来的产品设计流程必将推动现有质量体系快速响应消费者，同时保持相同的质量和完整性水平。这当然不仅包括对复杂材料的研究，还包括使用这些材料的工艺。

随着未来电动汽车的发展趋势，工业流程必然会发生变化，同时，独立汽车也会对生产带来额外的影响。汽车里的发动机已经被电池单元取代，这会影响整个供应链，产品设计和开发、产品分销和物流方面的流程创新也会受到影响。随着客户对定制化和未来高度定制化的产品的需求，更快的配送速度成为首要任务。随着机器通过传感器变得更加智能，信息收集和管理成为工业 4.0 的重要元素。

汽车行业正面临重要的流程转型：动力总成的电气化，技术标准的进步，尤其是数字化。目前，大多数汽车制造企业处于第二代和第三代至第四代产业转型之间。这表明，尽管汽车制造商可能有微处理器、机器人和计算机系统提供支持，但是它们还需要进行一些手工操作。可能需要对产品进行目视检查的人员、产品协调人员、物流人员（如手工搬运集装箱）。此外，低质量的零部件归根结底是由缺乏手动操作方面培训的人力造成的。因此，汽车制造商需要在其从工业 3.0 到 4.0 的旅程中完全实现计算机化，然后再开始向工业 5.0 迈进，传统汽车行业的许多方面都受到技术创新的影响。中小企业与其焦虑，不如计划通过开发无污染、零排放、减少浪费和遵循能源可靠流程的汽车零部件来引领潮流，这在当今智能连接、环境友好的世界中至关重要。它解锁了革新汽车行业和文化本身的全新技术。

参考文献

Akgun, A. E., J. C. Byrne, H. Keskin and G. S. Lynn. "Transactive Memory System in New Product Development Teams." *IEEE Transactions on Engineering Management* 53 (2006, Feb.).

Alkhoraif, Abdullah, Hamad Rashid and Patrick MacLaughlin. "Lean Implementation in Small and Medium Enterprises." *Literature Review* (2018): 100089. https://doi.org/10.1016/j.orp.2018.100089.

BMW UX. n.d. BMW Head Up Display: How It Works and What Information Can You See. https://www.bmwux.com/bmw-performance-technology/bmw-technology/bmwhead-up-display-explained/.

Ford. n.d. Building in the Automotive Sandbox. https://corporate.ford.com/articles/products/building-in-the-automotive-sandbox.html.

Henry Ford. n.d. 3D Printing & Product Design. https://www.henryford.com/innovations/education-design/3d-printing.

Hovorun, T. P., K. V. Berladir, V. I. Pererva, S. G. Rudenko and A. I. Martynov. "Modern materials for automotive industry." *Journal of Engineering Sciences* 4, no. 2 (2017): F8–F18.

Liu, L., H. Xu, J. Xiao, X. Wei, G. Zhang and C. Zhang. "Effect of heat treatment on structure and property evolutions of atmospheric plasma sprayed NiCrBSi coatings." *Surface and Coatings Technology* 325 (2017): 548–554.

Loughlin, S. "A holistic approach to overall equipment effectiveness (OEE)." *Computing and Control Engineering* 14, no. 6 (2003): 37–42.

Martin, J. N. 1996. *Systems Engineering Guidebook: A Process for Developing Systems and Products.* Vol. 10. Boca Raton, FL, CRC Press.

Mathivathanan, D., D. Kannan and A. N. Haq. "Sustainable supply chain management practices in Indian automotive industry: A multi-stakeholder view." *Resources, Conservation and Recycling* 128 (2018): 284–305.

Mayyas, A., A. Qattawi, M. Omar and D. Shan. "Design for sustainability in automotive industry: A comprehensive review." *Renewable and Sustainable Energy Reviews* 16, no. 4 (2012): 1845–1862.

Miller, W. S., L. Zhuang, J. Bottema, A_J Wittebrood, P. De Smet, A. Haszler and A. J. M. S. Vieregge. "Recent development in aluminium alloys for the automotive industry."*Materials Science and Engineering*: A 280, no. 1 (2000): 37–49.

Newsroom. 2018. Porsche Classic supplies classic parts from a 3D printer. https:// newsroom. porsche.com/en/company/porsche-classic-3d-printer-spare-parts-sls-printer-productioncars-innovative-14816.html.

Piccinini, E., A. Hanelt, R. Gregory and L. Kolbe. "Transforming industrial business: the impact of digital transformation on automotive organizations." In *36th International Conference on Information Systems.* Fort Worth, TX, 2015.

Sturgeon, T. J., O. Memedovic, J. Van Biesebroeck and G. Gereffi. "Globalisation of the automotive industry: Main features and trends." *International Journal of Technological Learning, Innovation and Development* 2, no. 1–2 (2009): 7–24.

Ulrich, K. T. 2003. *Product Design and Development.* New York, Tata McGraw-Hill Education.

第五章

高科技电子工业领域
的转型

电子产品是发展最快、最具创新性和最经济实惠的产品之一。电子产业在社会现代化进程中发挥着极其重要的作用，在充满活力的工业经济的所有市场中使用电子技术，将极大地促进电子业的发展。它由与电子设备和部件的制造、设计、开发、组装和维护相关的企业组成。电子产品从集成电路、消费电子设备、工业设备、医疗保健设备到信息和电信设备等，应有尽有。此外，它还支撑着诸多制造业和工业领域，肩负着为未来创造所有技术先进的数字装备的重任。

在汽车信息和安全系统、制造设施机器人和工业应用自动化方面，电子设备能力和材料的能力正在扩展。随着技术创新的不断发展，消费者对体积更小、功能更强大的工具的需求，以及移动设备的快速普及，都在以经济高效的方式推动着电子设备市场的发展。电子产品制造业发生了重大变化，包括产品的组合水平更高、完整性更好、性能更全面、生产的产品数量增加以及设备制造成本最小化。原始设备制造商（OEM）和原始设计制造商（ODM）正在向电子制造服务（EMS）供应商显著改变产品开发流程和新产品开发（NPD）/新产品引入（NPI）。

半导体制造商，从 EMS 供应商到 ODM，再到原始设备制造商和中小型合同制造商，经常面临引入现代技术改造以提供高质量产品的压力。电子行业的制造商在与其他供应商的国际竞争中面临巨大挑战。巨大的时间压力和不断缩短的装运期限，同时又要保持稳定的质量，这表明必须对货源进行最佳准备。在高科技市场上的成功通常取决于一个组织抢在竞争对手之前向市场提供创新的、价格合理的产品的能力。数字供应商已经根据这一原则，将装配线转变为完全自动化的互连工厂。工业 4.0 不仅推动了新的现代技术和智能产品的发展，还有助于扩大制造业。

迈向数字生态系统之路

虽然钢铁是早期工业转型的重要组成部分，但直到今天，半导体在大多数工业领域一直发挥着至关重要的作用，它被认为是下一代电子创新的关键部分。寻找采购产品的合理途径，将有助于推动工业数字化转型的进程。全球消费者需要更多按订单配置、按订单制造和按订单组装的产品。平庸的流程和糟糕的集成系统意味着 EMS 的末日，尤其是在当今消费者需求和现代技术快速变化的时代。半导体制造商运用复杂的概念将自己的生产线转变为完全自动化的智能互连工厂。对半导体市场而言，晶片的高成本使得将电子元件连接到前开口通用吊舱完全可行，并为提高生产性能带来了巨大优势。

　　EMS 供应商和原始设备制造商需要价格低廉、小批量多品种、适配性强的半导体制造设备，这就要求采用先进的自动化控制方案帮助客户实现其业务和技术目标。集成电路的制造非常复杂，包括许多工艺步骤，每个步骤都在微观程度上影响晶片的变化。半导体制造商包含多种类别，从消费电子产品到工业产品再到汽车。传统半导体生产依赖于与工艺配方相结合的永久统计过程控制（SPC），用于监控生产过程。开创性的生产流程要求更高的精度和准确度，这需要使用更严格的流程控制。产量是通过先进过程控制（APC）实现的，利用运行到运行、晶片到晶片、晶片内的动态过程控制，APC成为提高生产过程效率、产量、吞吐量和多功能性的一个重要因素。消费者对短交货期和交货时间的需求是电子设备制造中采用自动化的主要动力。

　　自动化和集成化是当代半导体制造业的成功秘诀。半导体产品的制造要求对最高质量、不规则性、返修率和可靠性进行创新控制。至关重要的是，大多数半导体生产流程要实现自动化，以确保工艺的正确性和效率，以及同等规格的设置，并整合所有制造任务及制造进度以确保有效性和完整性。自动化将为半导体制造过程带来智能和控制，在半导体制造过程中，产品层沉积在基板上，掺入污染物，并通过光刻技术形成集成电路。

　　电子设备的生产成本越来越低，因为需要对资本工具进行大量投资，以满足消费者对更高性能工具的需求。对电子元件原材料的敏锐认识促进与工业 4.0 相关的完全分散的操作设计。随着全球电子设备市场逐渐向新兴市场扩张，以及与电子产品制造相关的工艺和人工成本持续上涨，标准电子产品的发展受到了影响。促进自动化市场增长的变量包括功能有效性、创新、系统同化和机器与机器对话（M2M）通信创新发展的需求。电子设备制造商不仅要将自己的设施改造成智能工厂，从设计扩展到制造，还要在启动独特的数字化转型时开发新的业务版本。

流程自动化革命

电子元件制造和组装只是全球工业领域最复杂的生产环境之一。大多数操作，如制造程序、评估和产品处理都是手动完成的。随着元件尺寸的缩小，设备对微粒和其他种类污染的耐受力变得更低，因此，衬底、掩膜和其他材料几乎不能耐受任何污染物。现代工艺技术发展已经相当成熟，低至零污染水平已成为整个 EMS 供应商和原始设备制造商的标准。

印制电路板（PCB）是所有电子和微处理器控制的供电设备的核心，是电子设备行业最重要的必需品。它为电子元件的布线和表面安装奠定了基础。装有数字元件的 PCB 被称为印制电路组件（PCA），组装过程被称为印制电路板组件（PCBA）。PCBA 工艺是一种在合资企业内运行的极其专业、专注于精度的过程。该过程有不同的阶段，包括将焊锡焊接到电路板上、拾取和放置零件、焊接、检查和筛选。所有这些过程都需要监控，以确保生产出最优质的产品。

电气化设计自动装置

电子工业领域与现代技术的垂直部门密切合作，如汽车、航空航天、医疗以及其他有特定需求的工业市场。高科技工业领域的数字化为设计人员开辟了一个全新且不断扩大的电子设计自动化（EDA）市场。电子元件的开发人员和服务技术人员曾经使用绘图仪提供电路板、电子元件等图样，随着时间的推移，这些图样已被 EDA 取代。蓬勃发展的汽车工业、IIoT、AI 领域推动了半导体市场的发展，这需要具备复杂设计布局的数字工具。自动化为终端用户提供了使用脚本语言和相关支持能量来增强、定制和驱动数字设计、测试和验证能力的条件。EDA 有助于电子系统的规范、设计、确认、应用和检查。这样，这些系统既可以以集成电路的形式生产，也可以作为安装在 PCB 上的多个集成电路生产。在汽车市场，原始设备制造商正在购买 EDA 软件应用程序，以建立下一代电驱自动驾驶汽车。同样地，在航空航天领域，随着航空电子系统复杂程度的提高，EDA能力变得越来越重要。

EDA 在设计中的存在是汽车行业建立高级驾驶辅助系统（ADAS）功能的日益增长的需求。ADAS 受到人工智能、机器学习（ML）和深度学习（DL）发展的推动。

（Ansys, n.d.）

在汽车和航空行业中日益增加的电子设备的复杂性，呼吁用于创建配电系统和线束的计算机辅助设计 / 绘图（CAD）工具的改变。先进的硅基芯片为企业日常任务中使用的优质软件应用程序提供了动力。从手机、可穿戴设备到自动驾驶汽车，每一个微小部件的结构都离不开它们。EDA 市场的难题之一是射频（RF）设计创新。射频集成电路（RFIC）设计者希望降低成本，以便在芯片上获得尽可能多的简单组件。线束系统机电设计的开发模式包括导线合成、自动传输和自动生成导线图。

失败过程分析

数字设计和制造领域每天都在面临挑战。自动化是质量控制的未来。出现的一个关键问题是"如何审查并最大限度地改进印制电路板设计和制造流程"。答案很简单，它可以通过设计失效模式与影响分析（DFMEA）以及流程失效模式与影响分析（PFMEA）完成。DFMEA 是一种在产品设计和开发周期的早期分析潜在问题的方法。在这个阶段更容易采取行动解决潜在问题，从而提升产品设计的完整性，显著改善产品安全性、质量、配送以及成本。通过原因链评估和防错（如 Poke Yoke），可以从 DFMEA 中获得额外收益，以降低风险优先数（RPN）。PFMEA 有助于制造企业建立流程保障措施，防止潜在失效的发生，即通过制造流程确定失效的来源及其对因变量的影响。RPN 对失效设置进行优先排序，以便确定需要进行修复性活动来降低失效模式的频率和严重程度，并提高其可检测性。实际上，大多数制造商已经在向远程工作转变，2020 年和 2021 年的工业经济形势面临着因新冠疫情带来的新健康风险，这倒逼各企业快速调整适应非接触式生产流程，以符合规范，保证劳动力的健康和稳定。因此，企业可以通过质量管理系统或质量生命周期管理系统来限制管理质量控制的时间和来源。

电子制造服务（EMS）供应商和原始设计制造商（ODM）在设计印制电路板（PCB）时需要考虑的另一个重要因素是缩短产品设计周期和降低生产成本，从而提高产量。产品概念和设计流程的一个重要元素是卓越设计（DFx），它能够有效且经济地生成电子类产品。它是 NPD/NPI 流程的重要组成部分，有助于在生产前捕捉一切信息，并成为消费者和产品设计团队之间的媒介。在设计流程的早期阶段进行 DFx，可以避免因为 PCB 制造商的失误、测试接入问题以及过时的产品而导致的不必要的设计和生产延误，这应该是 EMS 供应商和 ODM 的最大附加值，即使对于中小型合同供应商也是如此。DFx 以交付给客户的产品价值为目标，它包括供应链设计（DFSC）、可靠性设计（DFR）、面向制造设计（DFF）、面向装配的设计（DFA）、可制造性设计（DFM）和测试设计（DFT）。产品设计完成后，PCB制造商将整个PCB生产流程完美地融入其中的方式，以及PCB DFM评估的使用，有助于审查和简化需要考虑的产品设计因素。

下面将介绍PCB制造商如何利用自动DFx工具，来使用其内部设计规则检查（DRC）为设计提供全面的DFM记录。在设计周期的早期完成DFSC，有助于确定在初步设计之前处理的所选供应商组件编号的生命周期状态、可访问性、程序兼容性和合法性。DFF有助于在可行的情况下尽早评估消费者设计，这样就很容易在最终设计完成之前做出降低价格、提高生产回报率并解决问题的决策。DFA和DFR报告在了解产品故障方面起着至关重要的作用。通过使用六西格玛，可以估算出每年可节约的成本，从而对设计修改决策进行优先级排序，还可以进行评估以在产品设计早期处理问题，解决潜在的可靠性问题。DFM整合了供应商的详细设备需求，特别是制造流程需求，以建立流程并最终制定控制策略，从而有效处理DFMEA和PFMEA。

> PLM通过流程自动化、提高曝光率、获取重要信息以及让DFR尽早参与NPD/NPI过程，帮助DFR克服主要障碍。
>
> （*Paganinaand Borsatoa, 2017*）

产品的高质量和可靠性是 PCB 制造业中最重要的领域之一。保证产品质量至关重要，因为在整个产品开发过程中，决策者决定着产品的质量和价格。用 DFMEA 和 PFMEA 录制的有关设计和过程失效的详细信息为未来的产品和流程设计提供了重要参考。有效的可靠性工程能够预测产品中可能工作失效的部分，以及失效对性能、安全性、保障性和财务的影响。成功的 DFR 需要有效的产品管理方法的支持。在工业 4.0 时代，IIoT 与产品生命周期管理（PLM）系统的诞生，催生了一个闭环的、数据驱动的 DFR 计划，以提高可预测性和完整性，实现更优的产品性能。PCB 中小型合同制造商、ODM 和 EMS 供应商需要利用其产品设计和开发系统 PLM（用于创建产品的系统），作为资源，将其他系统和数据直接连接到 DFR 中，以创建产品开发流程的自然视角。

PCBA 过程的转型

目前，在价格日益低廉的电子设备领域，产品需求驱动了供应量的增长，反过来提升了生产率。因此，将一直持续的高质量、高精度标准与优化生产力、减少制造费用和缩短加工时间相协同的能力非常重要。避不开的目标是提高客户价值，并通过提高利润率和更好的市场知名度来保障股东的利益。实际上，创新为电子制造业市场提供了动能。当协作和自动化正在改变电子行业的工作方式时，该行业一直在缓慢追赶。EMS 供应商、ODMs 和 OEMs 都从自动化中获益匪浅，自动化可以提升制造速度，减少失误和对人工的需求。电子产品的低容错率和高精细度的特质使得机器人自动化变得富有挑战性，但机器人创新的发展使制造商能够了解机器人自动化的妙处，并成为全球机器人行业中最大的细分市场之一。机器人对哪怕是微小细节的精确化管理都能起到作用，它能做到准确无误，并大幅提高产量，从而降低单价。机器人技术的快速启用有助于加速完成任务，使 EMS 具有比竞争对手更胜一筹的生产能力。

> 智能数字产品的制造，利用微电子技术从手动操作转向半自动程序，推动了从通孔技术（THT）和现代波峰焊接技术向表面安装技术（SMT）的调整。
>
> （*Whitmoreand Ashmore, 2010*）

通过消除延迟、规避事故和错误、改进管理以及创造全新的商业模式，自动化使得电子制造行业面貌一新。通孔技术（THT）组件首先通过手工焊接波峰焊接设备来使用，在 PCB 中钻取开口以安装组件，然后焊料直接插入孔中以完成电路的连接。电子行业自动化的进步使制造企业开始使用表面安装技术（SMT），也就是将数字元件与自动设备一起放置在 PCB 表面上。与传统的 THT 程序不同，SMT 元件直接定位在 PCB 表面，而不是焊接到电缆引线上。就 PCBA 而言，SMT 是最常用的工艺之一。

用于 PCB 设计的 PLM

有着全新电路设计和创新的新组件不断加入、失效或更换，产品也因此被不断迭代出新变化和性能。各个领域的产业市场都认识到电子设备在原创产品分销方面所起的重要作用。因此在最终产品的环境中有效管理整个电子元件生命周期非常关键。管理产品设计、开发、制造和分销只是将新产品推向市场的一个方面。PLM 允许 PCB 设计人员在本地电子计算机辅助设计（ECAD）设置下快速利用 PCB 数据管理性能。PLM 通过利用丰富的数据管理能力帮助设计人员迅速找到理想的电子设备信息，并通过利用企业范围内的 ECAD 元件库管理来消除不规则和不精确的 PCB 元件信息。通过在 NPD/NPI 中回收零件，不仅可以减少与设计相关的费用，还能对制造工作产生重要影响。PLM 通过在物料清单（BOM）中集成项目和生产细节、插图、热评估和模拟，帮助实现工程程序的自动化和系统化。PLM 和 PCB 之间的双向数据交换使 NPD/NPI 团队能够在其设计布局环境中快速与 PLM 连接，从而大大提高了工程设计人员利用 PLM 系统帮助推动产品开发的能力。

商业挑战

中小型合同供应商和电子制造服务的电子工程师需要在初始设计阶段能够获取生命周期、库存和费率等关键数据，以便能够提前做出决策。数字和电气设计布局基于对几个要素的详细描述，如住宅电气设施，供应状态和信息通常单独保存在 CAD 库、企业资源规划（ERP）、制造执行系统（MES）等中。然而，设计、采购和制造规范可能会脱节，这是一个巨大的风险。

前提条件

ECAD 应用程序用于对 PCB、供应商组件和有关客户名称、零件编号、采购信息和 ECAD 库的细节进行建模。

方法

产品数据管理帮助 NPD/NPI 团队与 PLM 成功交付包括 BOM 监控在内的任务，包括原理图和图样、文件监控创建和更新供应商数据、可配置工作流程和跟踪产品进展的能力。随着智能互联产品的技术创新，PLM 与 ECAD 和机械计算机辅助设计（MCAD）相结合，将电子设备数据和设计过程与机械数据相结合，因此跨职能团队（CFT）可以超越设计技术和不同企业应用进行互动。PCB 设计集成是电气设计数据管理的基础。通过将 ECAD 与 PLM 系统集成，产品经理预计将最大限度地缩短产品的上市时间，防止错误和数据存储问题，并能以更熟练的设计审查工作流程生产出更好的产品。使用 ECAD 资料库不仅有助于降低产品价格，还有助于符合环境法规。CFT 在整个扩展组的数字环境中共享评估数据，因此减少了对物理模型的

需求，缩短了开发周期，降低了产品开发价格。更重要的是将 EDA
与 PLM 相结合，这将缩短产品的开发时间。

结果

PLM 为 IP 数据提供安全保障，同时使 PCB 设计团队能够从一
个独立安全的位置捕获、处理、定位和重复使用理想信息，从而提
高设计和开发的效率。在整个产品生命周期中，跟踪并关注由 IPC-
1752 产品材料声明组成的单个安全区域内的产品环境符合性信息。
利用全系列 PLM 功能，NPD/NPI 小组可以有效地处理归档的 PCB 数
据，并通过生产过程优化设计。电子产品 NPD/NPI 团队可以最大限
度地利用资源，减少错误和项目延误，并将总设计成本降至最低。
通过对所有电子设备设计信息的随时规范访问，可以在整个高级产
品生命周期内进行具有完整可追溯性的集体多领域代码设计。

质量保证

数字产品的 NPD 考虑的是功能生命周期，在此期间，产品需
要正常运行，通常以服务保证的形式。质量保证对所有 PCB 和电
子设备制造至关重要。如今 PCB 制造业正处于快速发展的时期，其
中大部分是为了实现微型化。除了准确，清晰易读的精确信息对于
PCBA 制造流程中的电路板制造和组装设备至关重要，这有助于在

整个产品开发生命周期中实现可追溯性。PCB 制造基于 IPC-6011 和 IPC-A600 PCB 通用效率要求中规定的性能类别。数字孪生和虚拟测试技术的使用使产品设计师能够全面了解 PCB、其部件和最终产品是如何集成并在现实世界中运行的。质量生命周期管理有助于 EMS 供应商和 ODM 在整个供应链中统一所有与质量相关的顶级活动，从而自然地理解产品的高质量和可靠性。质量管理体系（QMS）提供自动 DFMEA 和 PFMEA，并实现闭环纠正行动与预防行动（CAPA）以及根源分析（RCA），以加快识别、控制和分析问题以及跟踪受影响的产品。质量管理体系需要符合法规要求和高质量标准。它与 PLM 集成，成为一个生态平台，用于检索和接收细节，并帮助设计人员在设计过程的早期发现问题。

工业机器人

机器人自动化在 PCB 和电子元件制造方面具有巨大潜力，几乎适用于整个制造生命周期的各个阶段。印制电路板组件（PCBA）需要非常快速、精确地放置易碎小物件。工业机器人能够依次执行许多工作，如在底板上安装不同类型的元件。它可以管理显示屏、组装端口、构建组件，涂抹黏合剂、评估、筛选、包装等。机械手、视觉技术以及压力传感器的发展意味着机器人将处理大范围的生产、设置和完成任务。强力拾取技术可以将组件精确定位。机器人与灵活的元件送料器和视觉系统相结合，为 PCBA 增加了灵活性。机器人可以帮助 PCB 制造商在不同产品之间快速切换。

对中小型合同制造商来说，任何类型的效率提升都会产生重大影响。随着芯片、光缆、电路及各种其他重要电子设备部件的成本下降，制造商实际上已转向使用工业机器人以提高操作效率和效能，并且能做到在不损害成品设备质量和精度的情况下，将劳动力成本降至最低。机器人装配可以适应公差差异，便于根据需要定位和调整工件。随着安装时间的缩短，工业机器人正在提高许多电子生产设施的生产率。同样，工业机器人还有助于节省劳动力和制造成本，因为它们会把节省下来的成本让渡给客户。在 PCB 方面，机器人领域也出现了一些尺寸更小、编程更少的新技术。微型机器人用于制造汽车电子控制单元、智能手机、PCB 等，并协助测试和检查微小部件（见图 5–1）。

中小企业（SME）合同制造商正在逐渐将目光投向机器人，因为机器人易于使用、功能广泛，而且它们的组合能力使它们能够很好地实现自动化。我们必须明白，机器人并不是要取代人工，而是为了让熟练的专业人员工作得更轻松。由于工业生态环境更倾向于这种人机混合方式，安全和保障是首要关注的问题。

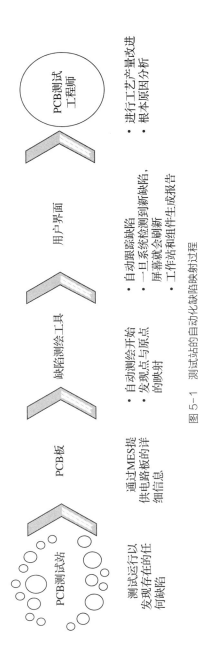

图 5-1 测试站的自动化缺陷映射过程

流程转型革命

现代工业创新正在帮助各行各业的企业更快速地发展。高科技电子设备系统为从交通、汽车、能源再到第四次工业革命等行业的动荡变革奠定了基础。电子工业转型已经席卷电信业；该领域的竞争者进行了巨大的资金投入并取得了进步，带动了工业数字经济的蓬勃发展。在今天的全球服务中，速度是至关重要的，得益于现代技术，制造企业目前已经加快了它们的服务速度。5G、自动驾驶汽车、智能产品、智能房屋、智能城市和智能工厂正在流行，使电子和现代技术需要提供无与伦比的可靠性。

智能电子制造是工业4.0的主线，同时，制造企业之间的竞争也需要通过创新来降低成本、提高绩效。事实上，高科技电子产品的生产不仅局限于制造业，还涉及更广泛的领域。因此，加强电子制造行业的实力对维持国际竞争力非常重要。现代技术趋势正朝着智能化和高效产品的方向发展，除了能源收集能力，最好还具有安全性能。中小型合同制造商、EMS供应商、ODM和PCBA企业根据客户需求生产复杂的产品，这些企业实际上已经调整了自身的业务，以适应全新的技术。同样，在复杂产品自动化和高性价比产品方面具有高效率的综合工厂应该对制造设施进行正确的投资，将其转变为智能互连的制造设施。

随着技术创新变得越来越快，在未来几年甚至更长远的未来，转型将不可避免地接踵而至。前三次工业转型需要数十年的时间，而今天的转型只需要考虑整个行业的应用就能完成。工业 5.0 整合了人类员工、人工智能和制造设备机器人，他们在 PCBA 制造过程中合作设计并分担工作。各种创新技术的发展有助于 EMS 供应商、ODM 和中小型合同供应商向前迈进，拥抱工业转型。

仿真

电子和高科技行业以闪电般的速度进行创新，以获得可持续发展能力。智能产品有复杂的电子系统，要求在现实世界中平稳运行。产品开发人员面临的挑战是，电子设备会产生大规模的热辐射；当信号沿着电缆发出时，它的回响和放电的电磁场会干扰产品的其他各个部分。由于批量尺寸不断缩小，订单数量的波动越来越难以预测，供应商面临巨大的变化。由于传感器、微处理器和通信部件不计其数，产品设计师要处理巨大的产品完整性和性能挑战，小工具的微型化，对多种无线技术的支持、更快的信息价格和更长的电池寿命都需要经过大量的需求分析。以仿真为主导的电子改进使企业能够以更少的资源、更低的成本更快地推出新产品。工程仿真在协助制造尖端和可靠的产品方面发挥着至关重要的作用，这些产品能够实现并超越目标效率、能源效率、价格和上市速度等目标。

所进行的模拟很少是静态的，机械部件和外壳结构可以进行动态应力评估。液体流动和多成分热评估是电子零件的主要模拟技术，如芯片、二极管、电阻和 PCB，用于调节各种产品的热排放、冷却效果和生态影响。PCBA 模拟可以确定生产瓶颈，突出提高产量的机会，并确定节约资金的机会，如优化直接和间接劳动力。随着产品性能在初始设计阶段的模拟，NPD/NPI 跨职能团队将有选择地迅速采用新的现代技术，改进设计和采用更好的材料，减少操作程序和测试。参与电子设备制造过程的所有部门都应在完全相同的数字版本基础上进行连接和协作。

　　在根据 PCB 功能要求选择适当的仿真工具之前，EMS、ODM、中小型合同制造商需要回答几个问题，如输入信号、数据从模拟到数字的转换、基于域的时间和频率扫描。

（Peterson,2020）

　　仿真技术已得到改进，并被集成为原理图捕获程序的一部分。它为 PCB 设计师提供了在 PCB 制作之前检查和复制电路的机会，使 NPD 团队能够评估元件的不同材料并优化布局。与传统的模型测试不同，仿真使工程师们能够在建造任何类型的物理模型之前，针对各种情况实际检查一个给定的产品设计将如何工作，其中有些情况可能无法通过实验来复制。仿真跨越了产品设计的各个阶段，促进了从电气、机电一体化、机械到热学和流体动力学等不同设计团队之间的开放式互动。仿真不能建立 PCB，但其结果将为设计修改提供有用的见解，从而提高性能并满足客户的要求（见图 5-2）。

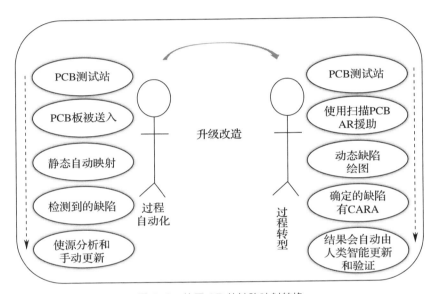

图 5-2　使用 AR 的缺陷映射转换

增强现实

从设备器材到智能手机，日新月异的进步如龙卷风一般席卷全球，而高科技电子行业也频频证明自己走在技术应用的前沿。AR 和 VR 等先进技术在电子行业的发展是一场重大革命。这些技术简化了 PCB 设计者将产品带入数字生活的工作，同时也使制造团队更快、更安全地组装 PCB 元素。事实证明，这两项技术正在有效地改变各行业和客户电子设备领域的业务。AR 和 VR 解决了将电子封装装配成不寻常的形式，以确保电路连接正常工作，同时减少 PCB 生产中区域和路径的繁琐程序。一言以蔽之，AR 和 VR 为 PCB 设计人员和制造商提供了一种真实的范围感和亲近感，以便在产品生命周期的早期更好地理解设计。

增材制造

增材制造（AM）或 3D 打印与电子设备高度关联。当使用 AM 制造 PCB 和各种其他电子产品时，个性化已成为一大优势。PCB 体积小，建模和制造过程相当长。3D 打印的到来实际上将 PCB 开发带入一个新时代——它可以为任何类型的电子设备创建完美适应 PCB 的部件；它还能明确用各种其他传统制造技术难以制造的复杂几何形状；此外，它不仅无须任何类型的组装程序，还有助于减少采购费用，同时消除对侵犯知识产权的担忧。AM 可以实现快速周转，可以用相对低的成本快速制造复杂的 PCB。它使电子元件工程师能够针对功能性而非可制造性进行开发，那些带有嵌入式电子元件、封装传感器和天线的复杂框架变得很容易被制造。

材料选择是工程师们在选择 PCB 制造方法时必须考虑的重要因素之一。静电放电（ESD）是电子行业面临的一个重大的现实问题，能够制造无 ESD 风险的部件是防止任何故障的根本所在。ESD 材料具有低电阻，同时具有所需的耐机械、耐热和耐化学性。ESD 安全的 3D 打印技术用于电子设备制造的夹具、夹具和外壳。AM 正在改变每一种方法，使供应商能够用复杂的工程级材料设计和打印夹具、夹具和组件，以满足表面区域的防静电要求。

少数制造商的 AM 打印机利用产品喷射技术生产出具有多种功能（包括互连）的多层 PCB。一些商业应用包括传感装置调制解调器技术、射频区域系统和物联网通信设备。航天领域实际上大量采用了基于聚醚醚酮（PEEK）的 ESD 材料，以满足其太空旅行中对化学、保暖和静电放电的要求。

（AFMG, 2019; Roboze, n.d.）

AM 将在生产线中发挥不可或缺的作用；事实上，由于能够满足工业生态系统中 3D 打印部件的可靠性、重复性和有效性要求的产品种类有限，阻碍了 AM 的大规模发展。3D 打印仅用于对构建最终产品至关重要的产品，使用的材料更少，从而降低了制造成本，减少了浪费，并将制造时间从几周缩短至几小时。电子工业领域的 3D 打印可以按需生产并创建数字库存，从而降低仓储和配送费用。AM 必将成为用于移动电话和实时健康跟踪中使用的可穿戴嵌入式传感器的实用生成方法。随着现代技术的发展，人们期望电子产品的 3D 打印最终从作为原型设备转变为直接的终端生产。

使用复合材料、功能额定材料、形状记忆材料、多相产品和生物材料等材料制成的智能产品在导体、制动器、传感装置、软机器人和可穿戴电子设备等应用中发挥着关键作用。4D 打印技术创新正在酝酿中，这无疑将促进利用天然薄膜晶体管在塑料薄膜上制造电子器件的增长，同时正在为有机电子器件建立增强型导电聚合物。

机器人流程自动化

数字劳动力是当今大多数重复流程的中坚力量。这些数字员工包括自动化软件机器人，有助于后台操作。人类对基于工业 4.0 技术的依赖使软件应用机器人（即 RPA）成为现实。RPA 最直接的影响是，常规工作以无差错、一致的方式执行。RPA 可以在几个方面为 PCB制造商提供帮助。它可以通过编程来检查穿孔和钻孔上的断裂痕迹、错位零件等。

> 电子行业的关键领域之一是对供应商的管理，其中 RPA可审查发票，使用光学字符识别提取数据，立即更新物料需求计划（MRP）中的供应细节，并根据需要向生产计划员发送通知，以提高供应水平。
>
> （UIPath,n.d.）

实施 RPA 的第一步是确定极易出错的重复性任务，并考虑在这些任务中进行试点。它在中小型合同制造商、ODM 和 EMS 供应商向工业 4.0 转变中发挥着重要的作用。在这个智能互连的竞争世界和困难重重的业务环境中，大容量、具有不同授权概念的多步骤流程和人工流程在 RPA 的帮助下实现了端到端自动化。根据需要实现自动化的业务流程及其结果，企业需要选择流程，然后选择市场上可用的 RPA 工具，创建、个性化并开始实施自动化业务作业的选项。RPA 软件程序不会取代企业现有的系统。事实上，它们与系统协同工作。RPA 可与人们使用的任何类型的软件应用程序相协调，而且可以在很短的时间内完成职能战略。在向工业 5.0 迈进的过程中，电子制造企业需要采用持久的流程自动化技术，旨在实现融合 RPA 和 AI 能力的智能自动化解决方案。

表面安装技术的流程标准化

企业面临的挑战在于如何让 PCBA 制造功能与实时信息系统取得联系，从而使所有功能的预期技术都能提供更高的稳定性和高混合、小批量的生产环境（见图 5-3）。

表面安装技术（SMT）生产线的工艺标准化导致：

- 方便定位并密切关注关键的供应原料、最终产品、组件以及集装箱，以最大限度地提高物流效率、保持库存量、防止质量问题和现场盗窃。

- 连接制造设施资产和 PLM、ERP、MRP、MES、DMT 和 MSD 系统，利用增强现实技术提供基于角色的体验。

- 实现对财产的实时监控和预测性诊断，以自动触发和主动启

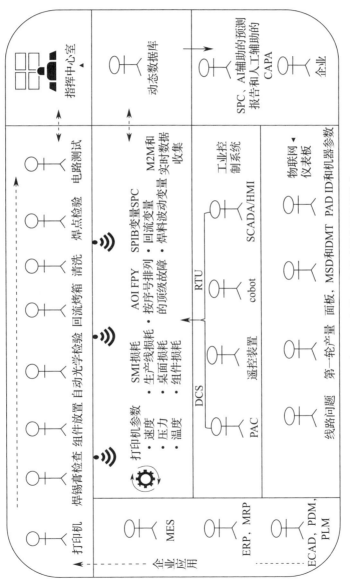

图 5-3　利用 IIoT 实现 SMT 生产线的工艺标准化

动维护团队，减少停机时间，并在发生维护和质量问题之前识别问题。

- 将不同的资产、驱动因素和业务系统纳入统一的 KPI 实时监控之后，并对其进行评估和提供指导，从而提高运营效率和改进决策。

协作机器人

协作机器人（cobot）为电子制造企业提供了灵活性，使几乎所有手动操作任务实现自动化，同时为企业提升了价值。cobot 使自动化变得经济实惠，是一种实用的解决方案，尤其适用于 SME、EMS 提供商和 ODM，因为 cobot 助力它们提高竞争力。借助机器学习和创新传感现代技术，cobot 与人类一起安全地工作，处理危险的、重复性的以及非常复杂的任务。cobot 在不同任务中不断被重新部署，以满足消费者对全新产品的需求，使其成为一项有价值的长期投资，也是电子行业的一项重要创新。半导体模块技术使电机控制、传感和商业交互方面的进步成为可能，使 cobot 能够在车间上高效、安全地运转。除了提高质量和生产率，它还与员工协作，发挥员工的长处，并将技术转变为生产力。

集成传感器完全适用于处理电子元件的精细工作，保障精细元件和昂贵夹具的安全，使 cobot 成为用于 PCB 处理和在线测试的低成本、高性能自动化设备。

（ UniversalRobots,n.d. ）

机器学习（ML）能力使 cobot 可以通过分享它们在内部以及从云端远程发现的详细信息来训练其他 cobot。随着创新的日新月异和制造工艺的不断发展，OEM 和 EMS 供应商必须不断适应工业 4.0 到工业 5.0 的技术进步，以制造出更智能、更快速、更经济的产品。在使用 cobot 时，理想的安全标准尤为关键。它包括传感单元，使其熟悉周围环境，以实现快速、准确和安全的操作。来自众多传感器的海量数据被迅速完善，cobot 会因此做出相应的反应。随着人工智能的到来，cobot 对来自传感单元积累的信息做出更恰当的反应。这表明，cobot 可以检查信息和要素，解决有挑战性的问题，并找出应对新情况的方法，单独做出决策，并与车间人员互动。

大多数电子元件供应商都热衷于拥抱这一创新，因为它们肯定会与工人一起在紧张的车间和生产线上操作，而无须任何围栏，因此也就不需要在这个点上投入成本。cobot 是一种低成本的现代技术，在使用的最初几年里，其投资回报很快。中小型合同供应商、EMS 供应商和 ODM 可以充分利用 cobot 在自动化领域的复杂应用，从而在几乎不需要额外成本和人力的前提下，提高生产质量和生产率。设计 cobot 的另一个基本要素是要考虑干扰电磁场的电子噪声、安全性和人体工程学等设计难题。有趣的是，随着创新技术的进一步发展，cobot 将在未来的工业经济中变得越来越好、越来越普遍。

人工智能

电子工业领域的人工智能（AI）增长相当明显。在创新和快速适应新趋势的推动下，电子制造商已成为主流，并从根本上改变了电子元件和终端产品的设计和开发方法。最令人期待的人工智能应用之一是利用其潜力使企业更具前瞻性，能更灵活地适应不断变化的商业环境，这将有助于电子供应商为未来构建尖端电子智能设备奠定坚实基础。AI 不仅在财务方面，还在安全和实际操作控制方面带来重大变化。为了在全球竞争市场中领先，AI 已经变得至关重要。提升客户体验的需求很大，消费者正在选择能够在互动和舒适度方面提供更个性化体验的工具。

电子工业领域之所以蓬勃发展，是因为有三方面的重大进展，包括具有洞察力的创新分析、自主业务流程和 AI 驱动的沉浸式体验，从而让客户更多地参与其中。AI 的计算能力和先进的技术分析成本较低，可以帮助中小型合同制造商检验大量信息因素和历史信息，以预测机器故障，实现在故障发生前进行维护。此外，AI 还能利用信息来收集除现场模式之外的理解，以确定低产量的来源和需要关注的领域，根据具体情况，对生产过程进行及时和优化调整以提高产量。

流程转型的业务挑战

技术创新路径正在向智能化、超高效的产品转变，这些产品除了具有高效的电力收集能力，还兼顾安全保障等方面的性能。EMS 和 PCBA 企业的流程转型对于维持竞争力、提升制造工艺、减少故障以及管理与电子终端产品生产组装相关的制造工艺都相当重要。电子供应商应基于自身的经验，不仅塑造产品，还要建立起自己的产品设计和工艺创新体系。联网是流程转型的重要组成部分，加快这些流程改进的速度，迫使 EMS 供应商、ODM 和 OEMS 不断保持处于创新浪潮的中心，以继续保持竞争力。

工业 4.0 到工业 5.0 为电子供应商带来了新的考验和风险，也带来了全新的机会，他们必须做好接受和投资数字工业经济的准备。它不仅会将企业自身的设施转变为智能工厂，以扩大新产品制造，还将在企业开始自身业务流程转型时构建新的组织设计。电子企业面临的关键挑战之一是，根据其在汽车、能源、航空航天、国防或医疗等工业领域的销售对象不同，其业务量、项目组合和运行模式也大不相同：小批量、高组合、大批量、低组合以及中等批量、中等组合。拥抱流程转型也意味着接受一种心态，即除了供应链管理和产品分配，还要经常学习如何提高生产效率。

工业转型带来的效益使电子制造商能够更加积极和灵活地应对新的可能性。所有电子设备供应商都应该利用当前整个供应链中的数据，以有助于改善整体的方式增加特定流程，而不是在其组织流程中只增加创新。智能流程转型的成功与对其附加价值的认可直接相关。此外，企业必须在早期阶段制订基本战略计划，以收集与创新相匹配的经验。完全的工业转型必将使电子生产服务在成本和质量方面达到更高的水平。

除了培训，流程转型还可能需要新的能力，即更加注重设备和操作员之间的互动，转型中使用的智能设备可成功解决实时问题。此外，它也很有可能要求服务部门以不同的方式看待他们对工业机器人、协同机器人的使用，而不仅仅是如何处理数据。它保障了电子设备制造商的利益，通过在整个电子制造过程中分担工作量，创造大量机会来提高操作效率和提高性能。

从流程自动化到流程转型

先进的流程控制和可视化应用是自动化转型战略的关键部分，无疑将成为全自动化工厂的助推器。供应商通过掌握整个生产线的数字数据，以及通过风险应用程序将这些数据直接传输到制造设施MES，从而提高了工艺流程的存在感。先进的过程控制和可视化技术的问世，标志着人工智能朝着全自动化工厂迈出了第一步。PCB 行业不仅在产品设计、制造和可靠性方面不断进步和提高，而且还在向更加统一的可持续发展准则和商业标准提供反馈。

通过制造实现可持续设计

高效而可靠的电子元件设计不仅能够减少能耗，还能努力寻找对人类和环境不友好材料的全新及更安全的替代品，为绿色电子产业领域做出积极贡献。PCB 供应商一直苦于解决废料的产生问题，为降低成本而创新的技术往往导致产品性能降低和功耗增加，因而屡屡受挫。电子制造业所使用的方法正在加速向可持续系统转型、生产系统转型以及长期价值交换的方向过渡。

> 随着生态可持续性成为当今一个重要议题，供应商正在将其注意力转向如何使用智能创新技术，以便在环保合规性、规划和技术方面变得更加积极主动。其中一种方法仍然是有效利用资源，减少浪费，研究从浪费中获取价值，以最大限度地获得资源绩效收益。
>
> （ *Esfandyariet al*，2015 ）

可持续制造可以从工业领域的环境、文化、经济状况、技术和绩效监测等不同维度来看待。可持续发展的目标是设计和开发绝对不会对大气产生影响的制造工艺和元件，并实现元件100% 可回收利用。

PCB 制造商目前正在集中精力进行此类合并，以实现工业转型的更大效益，从而实现可持续生产。工业 4.0 将尖端技术与工业 5.0 完美融合，产生了大量信息，这些信息对于从生态、社会和经济角度制定方法发挥了重要作用。中小型合同供应商主要关注能源效率、绩效、竞争力、成本降低，而不是持久的制造目标。他们需要认识到从工业 3.0 到工业 4.0 再到工业 5.0 所带来的好处，将自己转变为一个智能连接的生态社区，实现可持续发展的目标。

小结

在整个印制电路板设计到生产的过程中开发数字集成，对于生产出优质、经济和准时的最终产品至关重要。企业需要准确了解如何利用自动化、人工智能系统、机器学习（ML）、工业物联网（IIoT）连接、数据监控技术，使电子元件更加有效、高效和开放。整体来说，电子行业显然已经接纳工业互联网。全新的远程办公产品在电子设备产品中很受欢迎，这归因于新冠疫情期间催生出的全新的远程工作模式，使不同工业领域的工人能够继续满足远程工作的需求。在供需方面，电子产品制造商需要可靠、安全的系统，主要是基于云的环境，以维持运营，促进跨职能团队（CFT）内部以及供应商、代表和零售商之间的互动，并管理国际范围内的库存和商品目录。

根据生产过程中的功能要求，采购部门通过使用企业资源规划（ERP）系统进行过程控制工作，以监控企业内印制电路板组件（PCBA）过程的制造执行系统（MES），从而确保最大限度的供应。此类要素的巨大数据源包括非技术信息，如最小订单数量、库存和定价，各种规模的企业能够根据这些智能连接工具提供的实时信息做出明智的选择。与其他现代工业转型技术相结合，可以帮助企业推动更有效的短期和长期决策。

印制电路板制造商内部供应链的有效性最终将逐步建立在重要的现代技术基础之上，这些技术将支持整合的计划、物流、智能采购、仓储和分析。从采购基本原材料、供应组件到最终向客户分销产品，转向电子供应链设计，使印制电路板制造商有能力更好地控制其供应链。预测性维护避免了与机器停机相关的成本，减少了维护和维修费用，设备的复原能力更强。工业转型与数据收集相结合，必将有助于预测设备何时以及如何停止工作，从而使企业决策者能够加以预防。此外，由于网络连接是工业物联网的基本组成部分，因此，企业有动力利用自己的经验，不仅创造自己的产品，还利用现代技术创建自己的设计和流程。在交互创新方面，有线和无线技术在未来都将受到越来越多的追捧，并被纳入个人资料中。考虑到生态破坏，随着安全处理电子废弃物的技术进步，需要在整个企业内实施电子电气产品的废弃指令[⊖]（WEEE）。数据和 IT 安全对于有效实现工业转型的重要性与日俱增，需要将其作为关键的批准和成功因素直接纳入电子系统。工业 4.0 和工业 5.0 总体上仍处于同一个阶段，在这一阶段，必须认识到在哪些方面以及如何将其与现有的跨职能团队优势和创新相结合，以满足客户的需求。

⊖ 该指令由欧洲议会及理事会提出，欧盟成员国 2005 年 8 月 13 日起开始强制实施。其主要目的是预防废弃物的产生，其次是为方便废弃物进行再回收、再使用、再制造，减少资源浪费。

参考文献

AFMG. 2019. All You Need to Know About Metal Binder Jetting. https://amfg. ai/2019/07/03/metal-binder-jetting-all-you-need-to-know/.

Ansys. n.d. Engineering Autonomous Vehicles with Simulation and AI. https://www. ansys.com/en-in/technology-trends/artificial-intelligence-machine-learning-deep-learning.

Bäir, K., Z. N. L. Herbert-Hansen and W. Khalid. "Considering industry 4.0 aspects in the supply chain for an SME." *Production Engineering* 12, no. 6 (2018): 747–758.

Bassi, L. "Industry 4.0: Hope, hype or revolution?" In *2017 IEEE 3rd International Forum on Research and Technologies for Society and Industry (RTSI)*, pp. 1–6. IEEE, 2017.

Daim, T. U. and D. F. Kocaoglu. "How do engineering managers evaluate technologies for acquisition? A review of the electronics industry." *Engineering Management Journal* 20, no. 3 (2008): 44–52.

Daim, T. U., E. Garces and K. Waugh. "Exploring environmental awareness in the electronics manufacturing industry: A source for innovation." *International Journal of Business Innovation and Research* 3, no. 6 (2009): 670–689.

de Guerre, D. W., D. Séguin, A. Pace and N. Burke. "IDEA: A collaborative organizational design process integrating innovation, design, engagement, and action." *Systemic Practice and Action Research* 26, no. 3 (2013): 257–279.

Esfandyari, Alireza, Stefan Häter, Tallal Javied and Jög Franke. "A Lean Based Overview on Sustainability of Printed Circuit Board Production Assembly." *Procedia CIRP* 26 (2015): 305–310. ISSN 2212-8271. https://doi.org/10.1016/j.procir.2014.07.059.

Krishnaswamy, K. N., M. H. Bala Subrahmanya and M. Mathirajan. "Process and outcomes of technological innovations in electronics industry SMEs of Bangalore: A case study approach." *Asian Journal of Technology Innovation* 18, no. 2 (2010): 143–167.

Paganina, Lucas and Milton Borsatoa. "A critical review of design for reliability - A bibliometric analysis and identification of research opportunities." *Procedia*

Manufacturing 11 (2017): 1421–1428. https://doi.org/10.1016/j.promfg.2017.07.272.

Partanen, J. and H. Haapasalo. "Fast production for order fulfillment: Implementing mass customization in electronics industry." *International Journal of Production Economics* 90, no. 2 (2004): 213–222.

Peterson, Zachariah. 2020. PCB Functional Testing and The Role of Manufacturer Collaboration. https://resources.altium.com/p/pcb-functional-testing-and-role-manufacturer-collaboration.

Roboze. n.d. The Potential of Additive Manufacturing in the Space Sector. https://www.roboze.com/en/resources/roboze-additive-manufacturing-for-the-space-sector.html.

Shin, N., K. L. Kraemer and J. Dedrick. "R&D, value chain location and firm performance in the global electronics industry." *Industry and Innovation* 16, no. 3 (2009): 315–330.

Strange, R. and A. Zucchella. "Industry 4.0, global value chains and international business." *Multinational Business Review* 25, no. 3 (2017): 174–184.

UI Path. n.d. RPA Solutions for Accounts Payable. https://www.uipath.com/solutions/process/accounts-payable-automation.

Universal Robots. n.d. Melecs EWS GMBH Case Study. https://www.universal-robots.com/case-stories/melecs-ews/.

Wang, X. V. and L. Wang. "Digital twin-based WEEE recycling, recovery and remanufacturing in the background of Industry 4.0." *International Journal of Production Research* 57, no. 12 (2019): 3892–3902.

Whitmore, M. and C. Ashmore. "The development of new SMT printing techniques for mixed technology (heterogeneous) assembly." In *2010 34th IEEE/CPMT International Electronic Manufacturing Technology Symposium (IEMT)*, pp. 1–8, 2010. https://doi.org/10.1109/IEMT.2010.5746678.

Yin, Y., K. E. Stecke and D. Li. "The evolution of production systems from Industry 2.0 through Industry 4.0." *International Journal of Production Research* 56, no. 1–2 (2018): 848–861.

Industry

The Future of the Industrial Economy

第六章

工业制造领域的
流程转型

　　工业制造部门生产各种不同类型的设备，从大型工业产品到基本家用产品。这些工业产品包括产品包装材料、节能未增塑聚氯乙烯（PVCU）产品、玻璃、太阳能安装面板、地面辅助设备、商用阀门、石油和天然气以及医药产品。工业制造是一个广阔的领域。效率只是生产企业区别于其他企业的一种方式，而这一行业的许多企业都是在众多行业生产产品的企业集团。该行业的一个主要趋势是采用越来越先进的制造策略。随着全球物流市场变得更加复杂，制造商之间的联系更加紧密，最终产品的包装和制造都要靠近最终客户，这已成为一种标准，因此，发展分布式制造业的中小企业有望得到增长。逐渐地，产品转型促使许多企业收集数据并与消费者合作。

　　工业制造企业可以利用计算机系统创建的设置，将现实生活与数字线程相结合。当前的地缘政治冲突和新冠疫情的动荡实际上重新点燃了关于全球化未来的争论。除了分布式制造设计，仓储和物流也需要更多区域化的供应链，包括云计算和增强型 IT 设施解决方案，以为供应链提供响应市场变化所需的可视性，并主动解决伴随国际化发展而来的监管合规问题，以改善成本和运营效率。工业 4.0 为商业生产行业提供了工具，以加强其供应链，提高生产力，改进流程，并在全球市场上获得更大份额。

太阳能光伏产业

可再生能源部门是目前工业制造业最需要的部门。全球各行各业都在努力寻找既能更有效地发电，又不会对全球环境造成额外破坏的方法。未来的制造商，无论是中小企业（SME）还是原始设备制造商（OEM），都在被普及可再生能源方面的知识，包括现代技术和可再生资源技术的成本以及它们的潜力，这可以提供重要的启示。工业制造商是电力行业的大客户，他们中的大多数变得越来越注重长远发展，为促进更绿色、更清洁的地球做出了巨大贡献。鉴于相关法规、某些电力要求以及电力在驱动智能工厂方面的重要性，人们比以往任何时候都更加关注工业领域的能源效率。除了第四次工业革命，第五次工业革命将给未来的工业经济带来更多变化。

可再生能源为工业领域开发了有效的全新基础设施。工业 3.0 通过生产可再生资源方案，改变了世界。可再生资源方案通过结构加载，部分以氢气形式储存，通过智能电网传输，并连接插电式和零排放运输工具。除了气候调节，电力消耗也是国际排放的一个重要因素。工业 4.0 允许工业制造商改用太阳能、风能和地热等可再生资源。可再生能源在整个宇宙的脱碳过程中发挥着关键作用。随着可再生资源系统变得越来越有效，成本也大幅下降——这一趋势随着智能计量和智能电网等理念的发展而确立。

智能电网为电力公司、发电机和用户提供了连接和利用新技术的工具。事实上，这催生了对全新现代发电技术和电池的需求，也激发并强化了供应链。

消费者需要清洁、环保的方法来减少碳排放，以降低必要能源开支之外的电力消耗。工业 4.0 可以更可靠地管理大规模但不可预测的能源生产，提供所需的稳定性和完整性。人们对太阳能光伏的积极反馈使该行业更具竞争力。随着智能创新技术的恰当应用，太阳能光伏发电正朝着电费平准化的方向发展。实际上，太阳能光伏已被证实是一种绿色能源。单一、集中供电的成功模式正日益向更加灵活和分散的方式转变。从各种邻近来源收集的能源得到有效协调，更经济，更可靠，也更环保。

太阳能牧场和集中太阳能发电厂等光伏发电系统正在成为全球最重要的能源，超过了风能和水力发电系统等其他不可再生燃料来源，而且能最大限度地减少碳排放。制造业采用具有大量屋顶系统面积的大型建筑，因为它们更适合光伏面板系统。利用太阳能肯定会大幅降低电价成本，免受电价上涨的影响。

许多工业制造企业的领导者可能会认为，对中小型企业来说，电费并不便宜，但事实并非如此。作为一家需要使用大量电力为外部和内部照明工具、机器等供电的公司，管理电价的最有效方法是寻找如太阳能等替代电源，充沛的太阳能取之不尽用之不竭，不会破坏臭氧层。工业太阳能发电系统是对地球未来的一项投资，有助于利用不可再生能源并且保护环境。太阳能光伏发电的生产技术不断进步，减少了太阳能电池制造中使用的硅等昂贵产品的数量，此外还出现了双面组件等创新技术，使太阳能电池板可以从两面接收太阳能。

新组织版本的"能源即服务"（EaaS）正在改变能源市场。具有可持续发展目标的企业热衷于利用电力节约成本，与EaaS专业人员合作，后者拥有评估企业电力状况的技术，可以确定最有效的能源优化机会。因此，电力格局正在从集中化、可预见、上下结合和单向化转变为分布式、周期性、水平网络化和双向化。

人工智能（AI）、机器学习（ML）、工业机器人、协作机器人（cobot）、物联网（IoT）/工业物联网（IIoT）等数字创新技术使工作场所发生了翻天覆地的变化，最大限度地实现了人机互动，并利用了人类工人为制造业带来的附加值。技术进步的脚步从不停歇，在自动化行业利用太阳能本身就是一种技术变革，各行各业都经历了这一变革。太阳能正在为独特的智能互连技术铺平道路，特别是在工业制造领域。随着创新速度的下降，太阳能光伏发电的容量已显著提升。然而，高昂的安装费用仍然是一个障碍。新兴中小企业参与制造太阳能安装结构，成为降低安装成本的最大贡献者之一。

能源行业的流程自动化和转型

可再生能源使用的增加、灵活性以及可持续性问题只是推动太阳能产业需求转变的几个因素。领先的工业化转型经济体工业 4.0 和工业 5.0 对电力领域的影响越来越大。由于物联网、云计算和大数据、机器学习（ML）、人工智能（AI）、增强现实（AR）/ 虚拟现实（VR）、数字孪生、机器人流程自动化（RPA）、工业机器人、协作机器人（cobot）、区块链等技术的发展，太阳能的生产、分配、消费和智能制造正经历一场巨大的革命性变革。能源行业的流程转型包括建设智能电网、处理可再生能源、分配发电量、识别使用模式、动态监控和客户参与等方面的技术进步。

我们脑海中出现的主要问题是：为什么太阳能发电站要进行流程改造？太阳能市场依赖于可再生能源；新冠疫情的破坏实际上迫使许多企业关闭了业务，这也突显出许多企业的生存取决于自动化的实施。决策者需要认识到，在有组织的战略中，服务与市场、组织模式以及系统运营之间的最佳组合，要有合适的、定制的技术。

太阳能发电厂的自动化

太阳能发电厂有数百个来自不同供应商的互联设备，分布在各个地区。利用太阳能光伏发电系统，有必要根据位置、定位和设备转换效率评估系统能产生多少能量。整合某种性能监控系统非常重要，这样可以随时了解产生的能量数量，并确保在出现故障时可以快速响应。有必要利用数据采集与监控（SCADA）系统，以便快速监测、调节和评估性能，以确保太阳能光伏发电站的投影转换效率、低停机时间和故障检测在其使用寿命内持续无损。

SCADA 程序管理非常可靠，可将实时数据可视化，并带有报警系统。交互式程序框架可简单表示和处理区域传感单元、制动器和变频器，是一个有益的元素。众多屏幕和基于有序视图的直观导航保证了中小企业有组织地了解系统运行。对太阳能光伏电站的高级 SCADA 应用分析提供了对发电站性能的有用见解。利用控制面板上的图形和报告直观地提供这些数据，有助于充分利用效率和详细数据。中小企业可以通过现场收集和管理发电信息，利用多功能系统开始自动化之旅，SCADA 可以支持太阳能发电厂的各个方面。

3D 打印太阳能板

制造新型太阳能电池板是一个漫长的过程，其中包含各种检验和建模。随着三维（3D）打印光伏（PV）板技术的发展，现代技术的转变比往往任何时候都快得多。使用增材制造（AM）技术，可以在几分钟内制造出电池，从而提高筛选效率。螺栓安装系统是太阳能行业中最常用的产品（硬件）之一，这对 AM 来说是一个极佳的前景。在 3D 打印光伏板中，面板基底是透明塑料板，从半导体墨水到表面区域层层叠加，从而制造出厚度约为 200 微米的电池，约为头发密度的四倍。

太阳能发电确保太阳能的生产和运输能满足不断扩大的绿色能源客户的需求。3D 打印可以在塑料、纤维或纸张等经济型产品上制作出极薄的太阳能电池。它开发适应性强的轻质太阳能电池板的能力可能会对未来的电子设备、高科技服装甚至汽车涂料以及太阳能喷雾形式的结构涂料产生更大的积极影响。

RPA 增强型太阳能行业

当前，太阳能行业正面临着以激烈竞争、法律更严格、环境可持续性问题等为标志的时代挑战。将流程自动化作为工业 4.0 的首要步骤，RPA 是更广泛的 AI 市场中发展最成熟的细分市场之一。此外，从管理和重复的后台程序开始，太阳能市场目前正在进行自动化。适用 RPA 的一些领域包括会计、财务、人力资源、审计和程序行政协助。对中小企业而言，选择 RPA 首先需要根据企业现有的 IT 战略制定战略，并进行高级 RPA 流程评估，以确认大量的程序清单，并创造支持金融投资的业务环境。

诚信、价格和重新赢得消费者的信任推动了太阳能行业的发展。太阳能光伏行业增加对 RPA 的投资，通过流程自动化提高运营绩效，从而有助于减少能源费用。走向 RPA 应该是一项业务增长计划，将人工智能和 RPA 结合，作为重要的助推器。这两项创新都有可能提高工作的精度，降低工作的劳动强度，通过处理能力进行新的分析，并连接复杂的数据集。脱碳、放松管制和分散化对太阳能市场产生影响，使 AI 和 RPA 能够管理需求与供应之间的平衡，从而提高整个价值链的效率，改变消费者体验和服务版本。

将 AR 纳入太阳能领域

通过智能设备或 AR 眼镜，在现实世界中增加了诸如 3D 版本和视频剪辑等元素，基于这些电子化详尽信息，人们能直接或间接地看到一个物理的、现实世界的环境。AR 在太阳能行业的应用对于工作人员的安全和财产保护是重大利好。数据分析提供了可行性见解，而 AR 使提供给个人的数据适合于做出组织决策。

太阳能电池的功能贯穿始终：在购买前，想象一下，电池系统在工业建筑上是什么样子呢？这种构想能力对太阳能电池板经销商来说至关重要。运营和维护团队以及工程、采购和施工团队以及资产管理小组能够加快现有的运营速度，并减少开支，同时提高现场操作的安全性。它有助于提高员工培训效率，更快地进行维护活动，并提供功能安全和保障。AR、VR 和混合现实正在以一种显著的方式为能源行业带来新的价值。AR 介入企业的时机已经成熟，它使工作流程更加可靠、有效、安全和富有成效，再加上随着 AR 系统已经处在预算友好的价格范围，这些能够实现知识共享和提高工作环境生产力的工具是中小企业在技术方面投资的绝佳机会。

IOT 对紧凑型线性菲涅尔反射器的影响

随着传统发电站的成本越来越高，太阳能发电站正成为能源制造业非常实用的替代方案。在太阳能发电站的创新中，紧凑型线性菲涅尔反射器（CLFR）发展迅速。CLFR 是一种太阳能收集结构，它使用条形平面镜，与槽式太阳能热发电系统中使用的槽型抛物面反射镜相反。二者的基本原理都是反射镜聚集太阳能产生蒸汽，从而驱动涡轮机。这种现代技术可以制造蒸汽，而不是使用传热液体或任何其他介质。借助反光镜聚集的阳光使接收管中的水沸腾，从而产生大量蒸汽。该系统中未使用热交换器。

太阳能发电站通过实时计量来确定其基本收入，但通常不会检查电网中的特定电池板。随着物联网的发展，在太阳能发电站的特定光伏板上安装传感器是可行的，其好处数不胜数，可以实时监控、实时调整和准备分析等。总的来说，除了使太阳能发电站的实用性更强，物联网还必将提升太阳能发电站的性能，尤其是传感器将使太阳能发电站的监管人员能够识别信息面板和物联网系统层的问题。

智能太阳能发电站

如果考虑将太阳能用于工业综合体或工厂的电力需求，那么在建立太阳能发电站之前，需要考虑两个要点：一是连接到太阳能系统的太阳能表，用于检测系统向电池输送的电量；二是电网监测器，它是太阳能发电系统的重要组成部分，有助于利用电池表监测电池电量。传统的太阳能电池板需要进行监测才能获得理想的功率结果，此外还需要实时处理故障。随着持久能源系统的仪表化，物联网网络使用了多种传感器，除了审查，还收集了大量数据，包括光伏板温度设置和其他数据，为真正感受、操作、呈现和处理数字化环境中的任何要素开辟了全新的标准。

随着能源公司对数字化的兴趣不断增加，对改善与偏远地区的连接以及改进工业 4.0 新技术应用的需求也随之增加。通过将物联网与太阳能系统连接，能源供应商可以从一个主要控制板上处理每个太阳能电池板工具，这有助于太阳能发电站最终恢复可靠的电力结果，同时查找损坏的光伏电池板、连接、电池板上收集的灰尘以及可能影响太阳能效率的各种其他问题。物联网有助于将电力生产和消耗的所有要素连接起来，有助于提高可视化，同时在从使用到供电的各个阶段提供可靠的控制。物联网在太阳能发电系统中的应用有助于监测太阳能发电站，并确保从另一个位置动态获得理想的电力结果。除了太阳能监测工具，太阳能还有很多其他功能。

AI 在太阳能领域的应用

人工智能和机器学习有潜力评估过去、增强现在、预测未来。为了有效地管理电网，可再生能源行业必须对电力资源进行强化预测和调度。通过将人工智能集成到太阳能发电系统中，固定在电网上的传感单元可以收集大量数据，为工业维护操作人员提供有用信息，以提供更高的控制能力和适应能力，从而根据需求灵活调整供应。智能存储单元还可以根据供应流量进行更改。除此之外，借助智能传感器和先进传感装置对天气状况进行预测，将提高可再生能源的整体性能。简而言之，人工智能提供了更好的预测能力，从而有可能改进需求预测和资产管理。其自动化能力提高了功能质量，从而为利益相关者带来了竞争优势和更高的经济效益。

> 其中一个工业界的案例是与机器一起安装的精密负载控制系统，如工业炉，它可以在电力供应减少时自动关闭。另一个例子是具有实时 AT 支持评估功能的自主无人机，它必将可靠、有效地分析光伏电池板。
>
> （*Gligor et al., 2018*）

AI 应用可以通过提升效率重塑可再生能源，从而维持该行业的增长，甚至加速其发展。将 AI 应用于新产品开发，可以降低根深蒂固的排放、毒害和成本。可再生能源需要考虑的最关键变量之一是，大自然是不可预测的。创新技术将影响太阳能公用事业运营的方方面面。如果明智地使用，AI 可以成为最有效的财富，为更清洁、绿色的环境铺平道路。

挤制产业

智慧城市、智能结构、生活方式的转变等因素催生了现代技术和产品的新结构。塑料挤压过程包括熔化塑料产品，将其放入模具中定型，然后切割成大大小小的尺寸。塑料挤压技术被用于生产工业领域的大量产品，如建筑产品、商业产品、工业部件、军队、医疗和制药部门。管道、汽车、运动、窗户结构、电器罩、栅栏、围栏等都是塑料挤压成型的常见产品。对于需要连续截面的最终产品，塑料挤压技术已成为最佳选择。塑料挤压是塑料生产中应用最广泛的生产工艺之一。

挤压过程中的每一步对于成品的特定质量都至关重要。产品设计小组需要在概念阶段就开始考虑挤压需求。在 NPD 团队中配备一名挤制专业人员，并在构思阶段参与头脑风暴，以强化构思过程。挤压技术需要经验以及全面的质量控制能力，利用合适的温度、速度、压力、张力和时间等要素来开发稳定的产品。医疗器械制造商（MDM）继续制造更小、更复杂的工具，这些工具往往具有独特的几何形状，需要高精度的挤压部件。在整个设计阶段，有效的共享互动有助于工具制造商完全理解什么是可行的。此外，挤压机可以更深入地了解 MDM 的设定，并通过美国食品药品监督管理局的管理合规性对其进行澄清。

医用塑料挤压是利用混合成分改变原塑料性能的有效技术之一。医疗流程里需要用各种软管产品向患者体内输送或从患者体内转移出液体。医用塑料挤压阵列中使用的产品包括聚氯乙烯（PVC）、聚氨酯、尼龙共聚物、聚碳酸酯、聚醚醚酮（PEEK）和有机硅。它的应用包括导管、注射器、牙科工具、分析仪器、药物运输设备、植入物、医疗袋和医疗器械。挤制临床产品需要谨慎采用精密操作理念，特别是微孔、共挤或十字头挤压管，其尺寸误差可以小到 ±5 微米。医疗设备不断地需要小型软管，精度变得越来越重要。挤制医疗工具设计分为单根型管、多层型管、物品包装用薄膜、可后成型成液体容器的片材、带封装条带的导管、多层管、薄膜和片材。克服新产品设计的挑战需要医疗器械制造商和挤制机之间的合作。

原材料在塑料挤制工业中起着重要作用。PVCU（又称硬质 PVC或未增塑聚氯乙烯或乙烯基）是建筑行业中使用最灵活、最可持续的材料之一。由于它完全不含双酚 A，这意味着 PVCU 可以用于医疗和牙科设备，而无须担心污染。先进的灵活性使 PVCU 成为商业、工厂和家用门窗的理想选择。PVCU 门窗具有可靠、有效的隔热和隔音功能，利于节能。与木材和轻质铝材不同，PVCU 在所有天气条件下都能保持其形状，不受任何类型的物理影响。PVCU 因其坚固无毒的特性而经常用于牙科固定器。PVCU 门窗的日益普及和需求为众多中小企业进入该行业提供了机会。

统计过程控制（SPC）对于理解工序能力、识别不必要的变化、细化制造工序至关重要，它使企业能够有效地、持续地满足客户对高质量、制备、公差、配送以及成本的复杂需求。逐个审查单一的过程变量称为单变量评估，它并没有涵盖影响高质量的所有变量和相互的互动，而一次审查多个变量称为多变量方法。多变量数据分析（MVDA）实际上已成为持续提高和保持运行可靠性的关键。这是一种统计程序，用于评估包含多种维度的数据。MVDA 技术正逐步用于一系列批次对比检查，以支持和获得对程序的理解，这必然会提高药物成分的质量、安全性和有效性。对于塑料供应商流程，MVDA 设定点在程序主窗口中标记，可以通过改变一个流程变量来检查流程的稳健性。根据初始设置，此类检查可能会带来各种流程限制。最好通过试验设计（DOE）策略完成对稳健流程设置的识别。DOE 是一种有组织、高效的方法，可同时利用最少的试验研究多个工艺要素。有效使用 DOE 可以通过使用稳健的多变量分析方法帮助改进模型。

挤压工艺与智能技术创新同步推进。分享挤压工艺如何影响设备制造的知识对于做出果断的选择至关重要，这将最终缩短新产品的上市时间。工业进步的商业模式是工业 4.0，它提供创新的产品设计、制造和控制解决方案。不同工业领域的一个共同变量是向绿色经济转型，这必将产生全球性的影响。中小企业和原始设备制造商的首要关注点是对塑料的依赖及其对环境的影响。加工业和其他生产部门必须严格执行环境、社会和公司治理（ESG）计划，重点放在废物产生管理和减少对生态系统的破坏。利用人工智能技术进行环境管理必将为保护绿色生态铺平道路，由于缺乏强有力的宣传和措施，导致必须选择更好的技术来保护大气环境，通过工业 5.0 提高可持续性。

流程自动化的潜能

从布局到包装，制作 PVCU 型材需要大量的构思和流程。在对所有生命要素进行精确设计的同时，还要考虑到 PVCU 型材。最基本的部分是原材料的选择和挤压温度。与 PVCU 制造过程相关的三个不同阶段是：材料物质的形成、PVCU 的挤压以及包装和分销。将工业 4.0 应用于 PVCU 挤压工艺，可以将供应商和消费者同化，并将内部部门和流程紧密联系起来。由于工业 4.0 及其相关技术的应用，PVCU 挤压工艺最终转变为一个非常具体的制造流程，这种转变实际上一直在继续。

PVCU 挤压是一种连续加工方法，可进行高速、大批量生产，并能生产出不同形状、厚度和色调的型材。由于挤制过程的复杂性，最终会出现问题。它由原料混合器、挤压机、传递器、真空校准系统、拉动器、冷却系统和牵引器组成。挤制过程中的每一个部分都可能出现自身独有的问题，从而导致挤压物的质量下降。应用流程自动化可以实现高效运作，减少原材料浪费，降低型材的废品率，提高能源效率等具体如下。

* 原材料消耗；

* 能源消耗；

* 加热区效率；

* 温度稳定性。

因此，有助于技术人员立即采取行动，并使管理人员能够实时控制运营成本。

* 构建生产流程的数字商业模式；

* 能源监测；

* 流程优化；

* 在线质量监测。

从流程自动化到流程转型

在塑料挤制系统领域迅速发展的变量是处理再生塑料挤制系统的解决方案模式。无论是塑料成型、转化、挤压还是表面增亮，处理塑料显然是价值链中最脆弱的环节之一。对塑料成型行业来说，自动化当然不仅仅是劳动力的自动化。塑料成型操作自动化的目标是提高性能和节约成本。仿真、物联网 / 工业物联网、数据分析、大数据、现实增强和增材制造等技术肯定与塑料挤制行业的流程自动化转型息息相关。

更新数字控制系统可以在整个生产过程中实现更高的精度和均

匀性，减少浪费，并且保持温度一致性，对于成功生产高质量产品至关重要。挤制机制造过程的主要部件包括容器、机筒、螺丝刀和电机。第二部分是计划用于挤制的聚碳酸酯原材料。塑料挤制所需的最后一个部件是模具。必须根据需要对加热器进行监控、降低、升高或关闭，以保持挤制机内的恒定温度，冷却风扇和浇注加热系统涂层也有助于保持适当的挤制温度水平。企业决策者不仅需要考虑劳动力问题，又要满足客户的期望。此外，他们还需要注意重复性的、无附加值的工作给员工带来的压力。

优化过程中的仿真

挤制工艺是制造陶瓷、玻璃和聚合物产品最基本的方法之一。制造过程是基于经验和试错技术进行的。挤制工艺的应用在以聚合物为基本材料的产品制造中特别普遍。除了流道的几何形状之后，模具合金内部的温度水平对循环行为也会产生相当大的影响。仿真是检查流变学缺陷、评估和改进流程的有效手段，在产品开发生命周期的早期，它可以帮助工程师掌握产品和计算流体动力学（CFD），因为它可以很容易地探索替代方案，改进最终产品，减少废料和降低模具改造成本。仿真有助于在制造模具前确认死点、模具中过长的停留时间以及高压损失。它可以进行优化和设计探索，以减少浪费和过度设计。

为了预测流体特性和机械应力等行为，基于现有的成型部件设计，仿真有助于中小企业以数字方式模拟生产过程中的几乎所有元素，从材料循环到冷却剂分配，再到成型部件的收缩和翘曲。此外，它还能以最低的生产成本稳定产品在韧性、刚度和疲劳寿命方面的效率，从而为开发制造的任何塑料部件提供保障。仿真技术的发展除了能预测和测量最后成型的形状外，还能增强和预测塑料熔体前沿的发展，以及填充、分析、翘曲估计、热优化分析和定制产品数据源的选择。进行模流仿真可以让新产品开发小组在成长过程中节省时间，大幅降低成本，并获得可转移给企业的经济效益。计算机辅助工程（CAE）、计算流体力学（CFD）工具与人工智能相结合，可以事先计算出成型过程中的变量。

塑料行业中的 AR 视角

塑料行业正在采用现代技术来实现零缺陷生产并提高工作单元的多功能性。AR 现代技术通过在各个工业领域的应用，逐步扩大了影响力。相对于其他工业 4.0 技术，AR 的主要优势在于它非常易于测试。对中小企业来说，AR 随时可用，预算也不高。AR 项目通常很容易实施，市场上的系统采用常见的即插即用方法，很容易集成到企业的应用程序生态系统中。最严峻的挑战之一是如何将紧迫的发展需求与人类适应新事物的能力结合起来。此外，还存在许多技术障碍，将 AR 引入企业的最大障碍是组织转型。AR 提供了与制造、产品设计和机器交互的全新方式。

AM 推动塑料制造业的发展

由于独一无二的功能和竞争优势，对 AM 的需求与日俱增。此外，在塑料成型制造领域，3D 打印或 AM 发挥了相当大的作用。其中一个主要优势是提供了一种环保的塑料制造方法，可以以最少的浪费制造出产品。医疗和牙科项目经常使用 3D 打印量身定制。用铝合金加工零件是一种实用的选择，通过 3D 打印，可以有效地提供低用量的聚合物组件。碳纤维填充的 3D 打印聚合物甚至可以替代坚硬的钢材。采用商业 3D 打印机通过原型内部零件加速新产品开发只是一个短暂的飞跃。随着制造价格的不断上涨和制造业的数字化，工业制造业原始设备制造商和中小企业继续不断发展，以保持功能灵活性，降低成本，因此越来越多地寻求 3D 打印以保持灵活、易于接受和独创的优势。在医疗器械细分市场，AM 保证的几何自由度以及提供个性化治疗的能力具有广泛的吸引力。当与 CT 扫描相配合时，3D 打印可用于为患者提供特定的服务，如植入物和牙科用具。

环境管理系统

在塑料行业实施环境管理系统（EMS）将有助于确定、分析和关注运营的生态效应。塑料是全世界最受欢迎的材料之一。塑料市场企业每天都面临各种各样的挑战，而且必须在其运营过程和产品中保持最高品质。当塑料行业的中小企业和原始设备制造商发现并执行符合 ISO 质量管理、安全和环境管理标准的要求时，它们很快就会看到投资回报。ISO 14001 中的一个此类标准侧重于活动对环境的影响。

环境管理系统的重点是最大限度地减少浪费，通过减少废物、废料、返工和能源使用来降低财务支出。ISO 14001 并未规定对生态效率的要求，但制定了组织必须遵守的结构，以建立有效的环境管理系统。管理层的坚定承诺对于确保有效实施环境管理系统至关重要。建议企业对业务流程和开发的产品进行初步审查，然后进行差距分析，以帮助确定当前运营和未来流程中可能对环境造成危害的所有因素。密切关注其环境影响的塑料制造业必然会发现通过定期产生大量废物再利用程序节约成本来最大限度减少废物的机会。除了提高绩效，中小企业和原始设备制造商还可以通过采用 ISO 标准获得许多经济收益。

转型成果

塑料行业的转型不仅基于全球连接，还基于衍生数据的整理以及流程和数字化改进。自动化工业制造商面临的最大挑战之一，是为未来的所有终端消费者配备或升级设备，并为未来的全球工业需求做好适当的准备。工业 4.0 概念肯定不会成为大型企业的时尚，但会成为中小企业的现实。电子制造服务可以对来自不同供应商的消费者和材料进行自动化的实时精确数据评估。对塑料行业的中小企业来说，电子制造服务是在全球范围内实现成本优化和机器可靠连接的最佳解决方案。

通过自动化进行流程优化通常与降低废品率、减少停机时间和更好地监控制造商进行预测性维护相关。流程改造意味着通过制造工艺从机械设备中收集和评估数据的质量和准确性得到大幅提升。由于设备中断或磨损而造成的不可预见的损失可以通过多种技术来减少，这些技术包括用于收集实时信息的传感器和云技术，云技术可以利用机器学习改进复杂的数据分析。运行跟踪可提前通知维护，因此可大大减少设备的停机时间和流程中可能产生的废料。

从大数据分析中获得的丰富细节为流程数字化提供了洞察力，这动态地加深了企业对于采取行动实现价值链创新改进的理解。在开始转型之前，每个组织都需要仔细评估工业 5.0 和工业 4.0 带来的优势和挑战。企业团队包括环境、健康与安全、质量和制造。高级管理层必须持续参与，以提高环境管理系统的适用性、能力和绩效。改善环境绩效将为企业带来可观的价值。随着中小企业引入工业 5.0，原始设备制造商将能够发现废物产生是一个额外的机会，并能够将废物处理转化为直接收入，从而为未来工业经济的绿色清洁生态系统开辟道路。

航空业的地面支持设备工业

　　机场航站楼的运营范围不断扩大，导致全新的航站楼、出入口、旅客解决方案工具以及其他业务不断增加。机场航站楼的每个入口都需要地面支持设备（GSE）。GSE 的主要功能是在飞机停靠在登机口时，为航班间歇期间的地面运行提供支持。对 GSE 的需求与全新机场航站楼的增长以及全新登机口的增加成正比。GSE 用于服务商用和军用飞机。高效、可靠的航空业 GSE 是确保顺利周转和准时离港的关键，从而避免延误、成本以及给客人带来麻烦。混合动力GSE、新型电池、快速计费端口和可降低维护成本的改进型电气地面支持工具正在全球范围内发展。

　　GSE 行业生态系统的主要利益相关者包括提供持久航空旅行天然气的企业、中小企业、现代技术提供商、供货商、供货商、零售商和终端消费者。GSE 的关键地面动力装置（GPU）包括电池驱动的 GPU、电力驱动的 GPU 和柴油驱动的 GPU。对环境管理系统而言，电池驱动 GPU 和电力驱动 GPU 被视为更清洁、更环保的设施，而柴油驱动 GPU 会产生大量的二氧化碳。工业 4.0 时代有可能提高 GSE航空运输关键地点的效率，因为在这些地点，尽管改进的余地非常小，但安全水平却非常高。工业 5.0 时代可能意味着通过维护、修理和大修（MRO）提高安全性。机场航站楼运营的成功需要称职的地面管理人员和 GSE，这极大地推动了世界各地对航空 GSE 的需求。价格一直是影响 GSE 制造商选择的变量。

从流程自动化到流程转型

为了缩短周转时间，速度、性能和精度是地面搬运中非常重要的考虑因素。目前正努力推广生态友好型 GSE，如机场的飞行餐饮用升降机、步行车、自行式旅行梯、牵引式阶梯、行李手推车、飞机测试引擎室、清洁车、燃料浏览器、集装箱和托盘推车、移动式高架观察系统等。中小企业利用工业 4.0 技术开发作为将物流程序转变为基于事件的程序的第一步，根据燃料和温度水平等细节动态寻找所提供的设备，从而提高客户的整体满意度，同时获得竞争优势。全面引入 GSE，以最大限度地利用停机坪上的地面处理解决方案。通过在 GSE 上嵌入智能传感装置，中小企业能够将资产转化为重要的智能资产监控，从而最大限度地提高企业的绩效和加快流程的运作。耗时的工作，如 GSE 故障，有助于防止停电和错误。

AR/VR 改进航空业 GSE 的 MRO

航空业是一个繁忙的行业，领先的航空公司、航站楼和货运业务平稳运行的重要方式是利用航空 GSE 中的最佳可用资源。随着 GSE 供应商和原始设备制造商开始与自动化解决方案紧密合作，GSE 培训必然需要改变，并为员工提供全新的理解和能力，以确保安全。

构建无风险、高效的计算机化 GSE 系统需要化解一些关键挑战。航空旅行业的昂贵性质放大了出错的高成本。AR 和 VR 是 GSE 企业提供更好服务和更精确地培训员工的绝佳资产。它已经成为航空 GSE 技术人员和 MRO 专业人员检查 GSE 不同部分的游戏规则的改变者。工业 4.0 创新节约了资金和时间，提高了运营效率，有助于改善客户服务水平，从而使流程更加有效，并提高了 GSE 物流中 MRO 的效率。

MRO 设施的技术人员通过使用 GSE 来协助维护飞机安全、准确地运行。数字孪生技术具有明显的优势，并在 GSE 生产过程中得到广泛应用，这表明现代技术正在被纳入 MRO。随着工业 5.0 的到来，GSE 中小企业正在转向更注重流程的价值，而非资产管理。流程改进可实现 GSE MRO 的预防性和预期维护，从而提高完整性和安全性。数字孪生技术所产生的可靠性可以包括整个公司价值的可靠性。数字孪生的一个重要通道是传感装置。所有新兴资产往往都配备了传感器，能够轻松获取信息，从而与人工智能的应用一起提供洞察力，这必将为更准确和彻底的预测奠定基础。数字孪生以及 AR 和 VR 技术帮助 GSE 中小企业实现完整的流程转换和自动化。从长远看，它们帮助企业进行可靠的预测性维护，为降低成本、监控资产、减少停机时间以及新产品开发铺平道路。

增材制造在航空业 GSE 中的应用

3D 打印技术的实力在于，它能够精细加工出任何东西。GSE 必将会受益于增材制造（AM）技术——任何人都可以使用 3D 打印机在任何地方打印零件，从而快速更换零件。从理论上讲，3D 打印是一种合理的原型制作方法，可用于 GSE 模型的各种元素。GSE 制造商现在可以拥有市场，并获得 CAD 文件的合法权利，而不是保有大量库存。在这些需求中，减轻重量、延长使用寿命、平稳运行和坚固耐用是最为关键的。替代零件有可能在收到采购订单后一小时内全部准备就绪，而不是等待数天。它可以用于构建完整的实体模型，且可以方便地按照精确的规格进行开发。AM 将彻底改变 GSE 市场。

转型成果

地勤服务对航空业市场至关重要，但同时也需要尽可能降低成本。GSE 在设计航空地勤服务工具时应考虑所有安全要求，并遵守 ISO 6966 标准。鉴于管理、生态和开放的市场条件，不难理解，GSE 倾向于商业改进，以提供更好的方法来处理其日常运营，同时最大限度地利用其资源。智能资产跟踪和管理服务有助于跟踪飞行终端资产，提高地面处理程序和维护方案的效率。GSE 中小企业正在认识到这些好处，因为通过物联网信息的安排，可以更好地处理和理解远程信息处理数据、安全和安保、GSE 车辆停放、空间使用、卸货和交通研究等所有重要领域。使用电力驱动的 GPU 或太阳能电池驱动的 GPU 是实现环保和减少碳排放的绝佳方式。适当的改进需要多种技能，从无线电准备到标准制定，再到 IT 应用，都需要最佳的团队时间安排和低成本。GSE 行业的产业转型就是在可行的情况下消除不必要的浪费，减少燃料消耗、停机时间和产品浪费是帮助实现更大的环保成果的绝佳战略。

阀门工业

阀门行业的现代历史与工业转型相似，托马斯·纽科门（Thomas Newcomen）设计了最初的商用重型蒸汽机，随后詹姆斯·瓦特（James Watt）推动了蒸汽机的发展，蒸汽产生的压力需要加以控制和管理，阀门也因此被赋予了全新的重要意义。阀门在我们的日常生活中发挥着至关重要的作用，如打开水龙头、使用洗碗机、启动煤气管、踩下汽车油门等。它是现代技术社会最基本、最关键的要素之一，对所有制造领域和所有能源生产所必需的。依赖自动化阀门和工具的行业包括食品和饮料、OEM 设备、石油和天然气行业、核工业、石化行业、造船业、废物管理和气溶胶领域等。几乎所有涉及封闭区域内液体和气体活动的设备都需要阀门。日常生活的另一个重要组成部分是人类的心脏，它有四个"阀门"（瓣膜）来控制血液通过心室的运动，从而维持我们的生命。

阀门与生产过程的运行性能直接相关。因此，流程设计师和制造商必须以全新的眼光重新审视这些元素，因为它们的性质在不断演变，与自动化潮流相辅相成。没有阀门的管道系统是不完整的。安全和使用寿命是管道工艺中最重要的问题，因此阀门制造商提供优质的阀门至关重要。阀门行业中的 NPD 方法实际上经历了许多变化，但基本设计过程仍然没有改变。工业阀门的生产过程是一项复杂的工作。许多因素都会影响其效果：基本材料采购、机械加工、热处理、焊接和安装。在生产商将阀门交付给最终客户之前，阀门应经过全面检查，以确保其正常工作。现代市场要求阀门具有公认的精度优势，并能减少劳动力和成本。利用自动化（即仿真技术），程序设计人员可以找出阀门的最小可行产品（MVP），并利用仿真技术检查这些服务，以缩短时间和减少资源，从而实现阀门的物理进步。

创新的快速发展、计算机辅助控制系统的功能以及电子设备的集成，造就了智能自动阀门，在国际市场上倍受青睐。围绕 IIoT 构建的原则实际上指导了工业自动化领域，快速培育了几个制造系统并使其成为主流。在新冠疫情期间，医疗和制药行业对阀门的需求有所增加。流程改进和转型是流程工业领域管理层谈论最多的话题，以帮助制造商自动化和优化其核心生产流程，并在完整性、可持续性、安全性和能源等其他运营领域实现提升。

过程安全和安保是工业转型的主要前景。阀门制造企业将能够通过基于收集到的 IIoT 数据的联网解决方案，通过互联网跟踪工厂中数千个控制阀的问题。通过利用数据确定早期迹象，工厂将能够使程序更接近其最佳规范，并做出更好的决策。采用工业 4.0 和工业

5.0需要摆脱各种功能和组织障碍，在许多情况下，这是因为设计和制造缺乏现代化和自动化。

从流程自动化到流程转型

随着自动化系统的不断创新，阀门的现代技术、性能和灵活性都有了长足的进步，电动气动控制功能直接集成到阀门中。它改进了阀门制造设备，特别是解决了尺寸和影响、功耗、连接以及与维护准备和功能有效性相关的工厂自动化跟踪问题。

仿真技术在阀门制造工业中的应用

阀门通常用于高温液体和气体，因为在限制区域内会导致过度的张力和浓度，因此会影响其结构强度。采用有限元方法进行应力分析，可以研究阀体在多种载荷问题下的张力状态。计算流体力学（CFD）程序可为循环速度、密度、弯管周围的低压区域、磨损研究中的冲击角、最低温度水平习惯以及循环发生区域的化学焦点推荐多种模型。产品工程师会对管道和阀门的整个系统的性能进行设计和建模，以降低故障的可能性。CFD模拟有助于检查老化的基础设施的故障，为设计工程师提供更准确的状态信息。当阀门控制高温的流体时，部件在高热应力的作用下肯定会出现缺陷，导致终端部件出现裂缝，并导致阀门过早失效。利用CFD热模拟进行瞬态热评估，可以预测早期失效。模拟有助于NPD参与者更好地优化阀门设计。随着中小企业发展人工智能和机器学习技术，零部件供应商将能够产生一种生成性设计，有助于设计出有效的多种优化阀门。

IIoT 在阀门制造工业中的应用

流程工业最重要的部分之一是控制阀。阀门制造商实施 IIoT 以提高和改善控制阀的性能，并最大限度地降低每个阶段的维护成本。控制阀的功能是调节液体或气体的压力、温度水平和流速等程序变量。所有这些因素都会提高车间流程的总体运营效率。IIoT 链接所需的传感器有助于在现场操作中发现和管理工业阀门的不同参数，从而有助于适当监控、调节和处理管道系统中流体和气体的流速。如果没有可靠的控制阀操作，操作人员很快就会失去控制。对传统的中小企业制造商来说，一个更为严峻的挑战是，全新的机器无法保证生产出与其客户世代使用的产品完全相同的优质产品。IIoT 可提供状态监测，帮助中小企业避免意外停机并改善阀门的性能。对从 IIoT 智能阀门中获得的信息进行评估，有助于企业决策者做出更好的决策并提高产出质量。

手动阀的远程跟踪是流程工业领域的另一个重要环节。中小企业肯定能够通过利用行业优质的无线传感装置和 IIoT 技术进行经济的改装投资来实现这一目标。在化学工艺部门、造纸工业和排水处理厂，控制大型工艺管道网络的工业阀门仍以手动操作为主。通常，这类传感装置用于调节阀门。作为商用无线阀门位置传感器（角度位置传感器和线性位置传感器）和检测器传感器用于调节阀门。然后，传感器以数字形式向数据采集与监控系统（SCADA）主控系统报告阀门位置信息，并配备现场仪表，通过 IIoT 系统进行动态监控。由于改造投资高，程序控制阀的改造需要较长的推广时间。企业可享受改造带来的成本节约、更高的安全性和持续的流程优化。

> IIoT 允许工业阀门生产用户以极高的频率和极低的成本收集和保存来自大部分资产的信息，从而在分布式控制系统和可编程逻辑控制器之外提高工作效率和业务流程效率。中小企业、零部件制造商和原始设备制造商能够利用 IIoT 监测水平、温度、使用情况、浪费、总体设备效率和预测性维护数据。IIoT 平台提供了强大的可视化功能，使操作人员能够比平时更快地看到系统中的变化和环境变化。
>
> （*Reynolds,n.d.*）

第三次工业革命带来了水力发电行业的创新，并开始将信息和通信创新融入发电厂和电网，自动化和数字控制开始形成。随着全球范围内工业 4.0 和工业 5.0 的兴起，对符合 IEC 61850 发电厂自动化控制标准的环保型电厂的要求越来越高，可再生能源和不可再生能源的种类也越来越多。其中，水力发电是一种极具吸引力的能源，因为它能减少碳排放，价格低廉，同时我们拥有丰富的水资源。与任何能源生产程序一样，控制和监控软件是保持电厂可控性的重要方式。分布式控制系统允许设备不断恢复和分析工厂效率信息、检查关键性能指标，为工厂员工提供可行的详细信息，并在需要时实时提供必要的信息。温度、压力、共振和其他参数的测量在局部传感单元进行，这些单元被转换为时间波形信号，并由电厂操作员进行检查。电厂工程师可以选择替代方案，跟踪整个系统状况，并在预测到问题时，在部件发生故障之前分配资源来处理问题。IIoT 平台与数据采集与监控系统和可编程逻辑控制器相连接，可协助重新调整设备参数，使结果最大化。通过实施 IIoT，水力发电行业将最大限度地改进其维护程序，降低成本。

小结

通过对控制阀进行实时监控和优化，流程和工业制造业的流程转型可以实现高效的维护流程，消除不稳定的手动处理方式，大大提高员工的安全保障并降低生产成本。产业转型正在改变组织领导者的工作方法，以及他们如何收集和利用信息来优化流程。自动化创新比以往任何时候都要复杂得多；机器人和自动化系统正在变得过时，并可能带来安全和安保问题。人工智能和机器人技术与 3D 打印等全新创新技术合作，在推动生产进步和满足消费者不断提高的需求方面显示出优势。数据分析使供应商能够从预防性维护转向预测性维护。传统过程控制系统和新技术创新的结合，是提高决策制定能力、改善细节获取能力的基础。为了保持竞争力，企业需要一个能够无缝管理客户、供应商、管理层和其他利益相关者需求的系统，而工业 4.0 和工业 5.0 必将使这一系统在整个流程和工业制造领域扎根。中小企业、原始设备制造商和零件制造商应努力认识并利用流程自动化及流程转型的力量，从而在新的数字时代保持领先地位。工业转型是一个伟大的旅程，流程和工业制造领域的进步将变得巧妙、灵活、以数据为驱动，并步入未来生态驱动型工业经济。

参考文献

Ang, J. H., C. Goh, A. A. F. Saldivar and Y. Li. "Energy-efficient through-life smart design, manufacturing and operation of ships in an industry 4.0 environment." *Energies* 10, no. 5 (2017): 610.

Calik, K. and C. Firat. "Optical performance investigation of a CLFR for the purpose of utilizing solar energy in Turkey." *International Journal of Energy Applications and Technologies* 3, no. 2 (2016): 21–26.

Faheem, M., S. B. H. Shah, R. A. Butt, B. Raza, M. Anwar, M. W. Ashraf, M. A. Ngadi and V. C. Gungor. "Smart grid communication and information technologies in the perspective of Industry 4.0: Opportunities and challenges." *Computer Science Review* 30 (2018): 1–30.

Gligor, Adrian, Cristian-Dragos Dumitru and Horatiu-Stefan Grif. "Artificial intelligence solution for managing a photovoltaic energy production unit." *Procedia Manufacturing* 22 (2018): 626–633. ISSN 2351-7089. https://doi.org/10.1016/j.promfg.2018.03.091.

Gorecky, D., M. Schmitt, M. Loskyll and D. Zühlke. "Human-machine-interaction in the industry 4.0 era." In *2014 12th IEEE International Conference on Industrial Informatics (INDIN)*, pp. 289–294. IEEE, 2014.

Huang, Z., H. Yu, Z. Peng and Y. Feng. "Planning community energy system in the industry 4.0 era: Achievements, challenges and a potential solution." *Renewable and Sustainable Energy Reviews* 78 (2017): 710–721.

Kulichenko, N. and J. Wirth. *Concentrating Solar Power in Developing Countries: Regulatory and Financial Incentives for Scaling Up*. Washington, DC, The World Bank, 2012.

Lin, K. C., J. Z. Shyu and K. Ding. "A cross-strait comparison of innovation policy under industry 4.0 and sustainability development transition." *Sustainability* 9, no. 5 (2017): 786.

Pozdnyakova, U. A., V. V. Golikov, I. A. Peters and I. A. Morozova. "Genesis of the revolutionary transition to industry 4.0 in the 21st century and overview of previous industrial revolutions." In *Industry 4.0: Industrial Revolution of the 21st Century*, pp. 11–19. Springer, Cham, 2019.

Reynolds, Peter. n.d. IIoT Enables Control Valve Maintenance Improvement. https://www.arcweb. com/industry-best-practices/iiot-enables-control-valve-maintenance-improvement.

Rosin, F., P. Forget, S. Lamouri and R. Pellerin. "Impacts of Industry 4.0 technologies on Lean principles." *International Journal of Production Research* 58, no. 6 (2020): 1644–1661.

Schütze, A., N. Helwig and T. Schneider. "Sensors 4.0–smart sensors and measurement technology enable Industry 4.0." *Journal of Sensors and Sensor Systems* 7, no. 1 (2018): 359–371.

Stock, T. and G. Seliger. "Opportunities of sustainable manufacturing in industry 4.0." *Procedia Cirp* 40 (2016): 536–541.

Industry

The Future of the Industrial Economy

第七章

升级换代：
工业 4.0 到工业 5.0

　　工业转型及其技术进步为我们提供了一个跨越不同工业领域的全新制造范式。工业 4.0 已经深入人心：许多制造企业通过对整个生产过程进行数字化改进，走上了流程自动化的道路。客户的期望、智能互联机器和系统的出现推动着生产的持续数字化。工业 4.0 使制造商能够提高运营能见度，降低成本，缩短生产时间，并提供卓越的客户服务。新冠疫情的暴发使商业巨头们继续拥抱变革，以在不断发展的产业转型中领先竞争对手并扩大市场占有率。例如，衡量其灵活性和自动化程度的制造企业可能会发现，考虑到手工作业程度，这些都是现在应该专注的补救措施，而及时上市的现代技术仍然为它们提供了公平和良好的服务。各行各业的产业转型都很复杂，而且经常以极快的速度推进，必定会给企业带来新的挑战，首先要确定关键的服务需求、满足这些需求的困难、解决这些挑战所需要的潜在服务，以及从当前到未来的产业发展需求。随着市场的发展，价值链也会随之发展，并继续保持更新和全新预测。

工业转型的商业需求

自工业革命开始以来，现代工业取得了长足的进步。要想在国际竞争中立于不败之地，就必须接受技术的演变，并准确认识到如何利用技术的力量来加强业务运营。首先，必须详细了解其发展方向。制造企业可以在现有方法和技术的基础上，借助工业 4.0 创新技术使其更强大。利用这些机会需要大量的资金投入。明确的业务战略对于获得利益相关者的支持至关重要，从而保障所需的支出计划。启动组织转型方法可以提高在这个新数字时代蓬勃发展的可能性。制造商不应将数字化转型视为一项支出，而应视为一项收入，长期目标将提高运营效率和生产力。

除了组织转型，负责数字化转型和整合全新项目、系统和解决方案的全面投入的高管也很重要。如果没有理想的管理，改革举措可能会受阻。技术创新在适度的工业领域获得竞争优势方面发挥着巨大作用，因此必须认识到它是推动行业竞争的力量。如今，客户可以货比三家，并经常将本地产品与全球同行进行比较。这影响了中小企业，它们发现自己处在国际竞争之中，即使它们不进口或出口产品或解决方案。这势必会对企业在国际竞争中如何保持领先地位产生巨大影响。要想获得全球化的影响，制造企业必须明白，没有什么比一种一致的方法更能确定全球化的影响。相反，随着时间的推移，已经形成了几种衡量全球化的方法。

考虑到创造性的程度，认识到创造性的驱动因素通常是什么也很重要。随着产品生命周期的缩短，企业必须在必要时采取行动。技术是创造商业价值的驱动力，而不仅仅是发挥维持作用。因此，企业必须提高自身创新速度，这促使它们比以往任何时候都更快地寻求新的服务和产品开发。对制造商来说，未来智能制造设施的概念正在变为现实。此外，那些对这些进步犹豫不决的企业也发现很难忽视这些进步。要想了解如何促进流程和操作标准化，以及从哪里购买技术，企业需要认清自身弱点及业务流程因素。

制造业的决策者在思考未来的产业变革。全球各行各业都在快速转型，企业的决策者们需要保持领先于竞争对手的地位，并面临两个基本问题：我们是否可以选择接受或不接受转型？在转型之前，我们还能等多久？只有在对典型的方法进行测试并遵循新路径时，才是真正的转型。在重复性流程中操作，从小规模开始，逐步扩大规模，这对成功至关重要。考虑到安全、环境、健康和收入，现在正是从工业 3.0 到 4.0 再到 5.0 进行工业转型的理想时机。

工业转型中的挑战

俗话说，机遇越大，挑战越大。工业转型不断改变着世界各地的中小企业和原始设备制造商（OEM）的生产方式，同时也带来了全新的挑战。对制造商来说，效率至关重要，而不适点有多种表现形式。大多数制造商都依赖于计算机和电子设备辅助创新在自动化方面取得的突破。信息和通信技术（ICT）有助于收集、评估和向生产系统实时提供有效信息。工业转型正在改变商品的设计、制造、服务和环保方式。在现有生产系统中应用先进的现代技术，需要极其仔细的经济评估以及投资回报率（ROI）、价值回报率（ROV）的评估，必须周密计算并认真对待相关威胁。工人需要掌握一系列全新的技能以填补需要提升的不足之处。这些领域快节奏的研发也很重要。因此，采用最新现代技术所需的额外投资肯定会与升级过程中的生产损失以及收回投资所需的时间和现有系统内影响更新现代技术适应性的收益相比较。

面临的主要挑战是市场需求不稳定、需要更好更快的生产流程，利润不断降低以及企业间的激烈竞争，没有智能互联创新的帮助，任何组织都无法赢得竞争。许多成熟的制造商目前都依赖于多种传统数据系统，如企业资源规划（ERP）系统、物料需求规划（MRP）系统、制造执行系统（MES）、产品生命周期管理（PLM）系统、数据采集与监控（SCADA）系统、可编程逻辑控制器（PLC）和机器人。使得数据系统无缝集成的解决方案是获得成功的诀窍，发展中的关键问题是衡量关键绩效指标（KPI）或产业转型成功矩阵的理想方法。大量数据是由车间中的不同机器生成的。因此，在难以确定适合业务目标的理想技术工具时，认识到如何为企业或某些 KPI 利用特定数据至关重要。总之，制造商需要制定一个开箱即用的检索策略来管理故障情况。工业尖端技术日新月异的快速发展必然会遇到许多全新的障碍，并且一定会随着时间的推移而不断演化。

缓解工业转型挑战

在第三次工业转型中取得成功的制造企业，都是那些热烈欢迎变革、正视威胁、认识到并恰当地接受由相关驱动因素和周围的发展所引发的有利创新的企业。这可能不同于原始设备制造商，但也可能是中小企业的愿景。作为一个口头禅，首先要检查企业现有的成熟度，然后确定在哪些地方要加强成熟度，这就为成功地朝着变革方向采取初步行动奠定了基础。对中小企业来说，工业 3.0 价值观一个很好的开始，从小处着手能够减少焦虑，促进理念的采用并确保管理层的认同，这是这场令人惊叹的转型之旅中的另一个里程碑。少数中小企业缺乏资源来评估相关技术及其服务用途的成熟度，一些中小企业管理人员缺乏系统的应用方法。为了弥补能力差距，中小企业需要开发和发现支持新概念并将其与实践可能性相结合的方案，从而改变其生产流程和领域。必须注意将传统应用与升级的现代技术顺利融合，这样才能在不影响主要业务流程的情况下，将一切都整合到一个独立结构中。整合可以实现现有手动操作任务和流程的自动化。

　　第一个考查阶段是有必要的，如果以理想的方式运行，就能带来清晰简明的最终想法。信息管理可以清除占有权和隐私，企业之间的数据交换使第三方能够了解组织技术。因此，企业需要明确所创建的信息属于谁，谁有资格以及如何使用这些信息，查看要执行的选项并根据内部团队的能力或者关注供应商的能力来满足需求。在执行之前创建一个持久的系统架构，以稳定信息技术（IT）需求和存储区域（无论是云存储还是内部存储空间）。生产线运营人员需要与新产品开发（NPD）/新产品导入（NPI）的跨职能团队（CFT）、ICT 团队和管理层一起更多地参与，以提高响应能力、责任感和占有率，从而实现制造供应链的完整工程化。

　　制造商在利用现代创新技术产生的海量数据时，要考虑到商业价值创新和新的收入来源。认知设备和传感器通过整合工业物联网（IIoT）、大数据、3D 打印、增强现实（AR）、虚拟现实（VR）、人工智能（AI）、机器学习（ML）、协作机器人和人类知识等功能，集成到生产线物理系统中。在过去、现在和未来的工业转型中，通常需要人类的参与。人类智能与计算机系统之间的交流有望将制造业的优化和自动化提升到新的水平。在智能系统、机器人程序、新出现的创新和创造力方面，肯定需要新的能力。工业 5.0 的本质是在工业领域应用创新，以提高效率，而不是取代人类（见图 7-1）。工

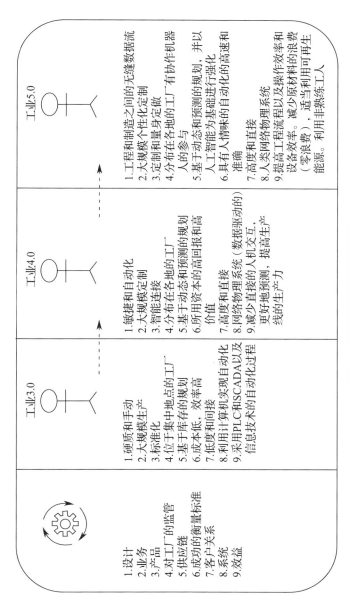

图 7-1　基于不同要素的转型历程

业转型在现代技术中的应用保证了有效性，并将以最小的影响实现最佳绩效，同时影响组织的领先地位和底线。

工业转型战略规划

产业转型对标准商业模式和行业竞争对手的传统观念具有非常大的破坏性。通过研究企业的结构来评估企业的状况，可以帮助实业家和企业家塑造成功的方法。中小企业可以利用许多有用的战略管理规划工具，在全球智能工业领域领先竞争对手一步。现代尖端创新目前已成为推动商业发展的因素，而不仅仅是起到辅助作用。行业评估是一个关键组成部分，旨在帮助企业确定其在行业内的运作方式。中小企业需要通过世界范围内详细的市场力量认识到自己在竞争对手中的地位，并分析自身定位和潜在的盈利能力。对于企业来说，最好从扎实的差距分析开始制定战略，以深入探讨转型问题。

制定经济实惠的商业战略的秘诀是认识企业的资源，确定其关键的优势和劣势，以及战略变革肯定会带来最佳回报的转型领域。鉴于无法预见的一些突发事件，中小企业应该考虑战术准备工具和方法，这些工具和方法在形势发生意外转折时一定会帮助它们变得更加灵活：确定客户和最终用户，并让它们参与战术规划的每个周期；确保企业跨职能团队朝着统一的目标努力，而不同的团队则朝着不同的目标努力，这会导致战略偏离轨道。因此，该方法必须是交互式的，让所有团队都参与其中。在季度审查会上设立一个区域，用于计算定位、即兴创作和重新校准，敦促员工提出改进意见。

战略规划——内部因素

优势、劣势、机会和威胁（SWOT）分析是一个简单但有价值的分析框架。中小企业管理团队需要坚守这一基础；在设定期望值之前，他们需要先分析自己目前的技术和人员能力。在开始产业转型时，需要从组织的全局出发。优势和劣势是内部因素，而机会和威胁是外部因素。通常，必须关注当前发生的事情与未来可能发生的事情。在不断扩大的全球工业经济中，工业正在一个非常有利可图的市场中运行。因此，企业应优先考虑威胁和机会，并以此为驱动力，重新调整未来路线图（可能是未来一年、四年和七年）的服务目标。企业应将 SWOT 评估作为风险管理流程的一部分，以更平衡、更广泛的方式检查和实施技术。

需要找出谁是推动者、参与者、促进者，并为五个 W 和一个 H 找到答案：

1. 谁是用户？谁会受益？

2. 哪些因素会为企业增值？

3. 信息从哪里来，到哪里去？

4. 为什么需要这样做？

5. 如何增加价值？

6. 何时产生投资回报率和价值回报率？

在分析阶段，我们可以使用五个"为什么"方法来做差距分析，然后是规划、设计、实施、验证和推广。

SWOT 评估过程是一种头脑风暴工具，供跨职能团队讨论现有方案的各种观点。开始精心设计一种方法，确定竞争对手，以便在市场上成功竞争（见图 7-2）。一旦这四个方面都填好，业务执行计划者就可以确认如何将每种力量转化为机会，并分析需要解决的劣势，以便对业务结果产生重大影响。这一通用的方法，不仅可以识别活动计划的劣势和威胁，还可以识别它所带来的优势和机会。在完成分析时，既要理智，也要谨慎。持续的业务分析和战术准备是监测增长、优势和劣势的最有效手段。俗话说，机会总是眷顾有准备的人，通过 SWOT 评估，中小企业肯定会做好更充分的准备。有了这些目标和行动，中小企业肯定会朝着完成战略计划的方向前进，利用基本可靠的精益计划来执行战略计划。精益计划在衡量企业实现目标的发展情况时，会不断调整和修改方法。这是一种非常简单的方法，可以用来推导和记录战略、战术、基线和预测。除了处理组织的改进工作之外，精益计划还事关成果。

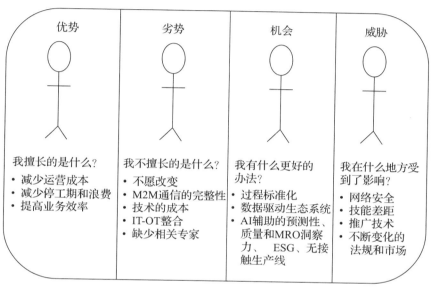

优势	劣势	机会	威胁
我擅长的是什么？	我不擅长的是什么？	我有什么更好的办法？	我在什么地方受到了影响？
• 减少运营成本 • 减少停工期和浪费 • 提高业务效率	• 不愿改变 • M2M通信的完整性 • 技术的成本 • IT-OT整合 • 缺少相关专家	• 过程标准化 • 数据驱动生态系统 • AI辅助的预测性、质量和MRO洞察力、ESG、无接触生产线	• 网络安全 • 技能差距 • 推广技术 • 不断变化的法规和市场

图 7-2　产业转型的 SWOT 分析

战略规划——外部因素

政治、经济、社会、技术、法律和环境因素（PESTLE）评估用于宏观环境扫描，包括可能对企业产生直接和持久影响的 PESTLE 因素的组成部分。它从多个角度提供了整个环境的鸟瞰图，希望在考虑特定商业战略时进行检查和维护（见图 7-3）。它服务于战略部门的所有工业领域，并审视现有和未来市场。它还为规划、广告、商业和组织转型、NPD/NPI 等提供重要投入。企业需要能够对当前和未来的立法做出反应，并适当调整自身的营销计划。它改变了整个创收框架，如税收、贸易和财政计划，并可能影响企业的核心流程。

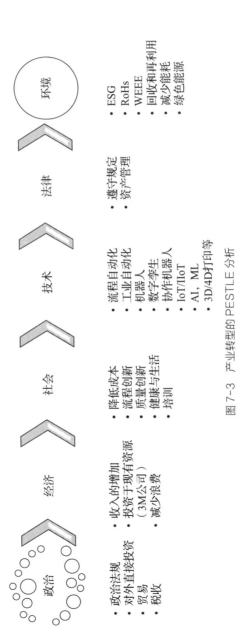

图 7-3 产业转型的 PESTLE 分析

政治
- 政治法规
- 对外直接投资
- 贸易
- 税收

经济
- 收入的增加
- 投资于现有资源（3M公司）
- 减少浪费

社会
- 降低成本
- 流程创新
- 质量创新
- 健康与生活
- 培训

技术
- 流程自动化
- 工业自动化
- 机器人
- 数字孪生
- 协作机器人
- IoT/IIoT
- AI、ML
- 3D/4D打印等

法律
- 遵守规定
- 资产管理

环境
- ESG
- RoHs
- WEEE
- 回收和再利用
- 减少能耗
- 绿色能源

生活成本上升、对外直接投资、股票市场等宏观和微观经济要素的变化，肯定会影响企业的购买力、产品定价、市场供应需求，并产生相应的长期结果。企业需要研究与社会和群体趋势相关的健康和安全问题，这对确定消费者的购买习惯至关重要。

　　技术变革为技术潮流打开了新的大门，也为许多企业带来了无限可能。中小企业和原始设备制造商都高度关注新兴创新技术的影响。它在工业领域发展中发挥着重要作用。它涉及几乎所有领域，包括计算机数控（CNC）机床、可编程逻辑控制器、数据采集与监控系统、工业机器人、网络安全智能生产设备、AI 协作机器人和人类智能。现代技术被用于销售、交付和服务终端产品，除了了解营销因素、复杂性和需改进之处，它还有助于评估竞争对手的信息。企业需要遵守客户法律、材料获取、来源、进出口、安全标准、劳动法规，并需要了解哪些是合法的、哪些是不合法的，才能有效地开展贸易。环境方面的问题是对工业的生态影响，以应对流行病、全球变暖和可持续来源等情况。这是一项必须满足的要求，因为资源日益枯竭，这一点至关重要。重要的是，一个有道德和可持续的企业，可以减少政府组织设定的碳足迹指标。

　　SWOT 分析侧重于企业的内部优势和劣势，而 PESTLE 分析侧重于外部变量。同时使用这两种方法可以对工业转型进行全面评估，并为企业及其与竞争对手的竞争提供有价值的见解。这就引出了另一个相关的问题：SWOT 分析和 PESTLE 分析应在何时使用？SWOT

分析用于满足效率要求，为大幅业务转型做好准备，以加强业务流程，PESTLE 分析则用于准确了解企业如何在影响外部世界各方面的行业转型中选择前进方向。工业领域的发展正在以闪电般的速度进行，NPD 和 NPI 正在以惊人的速度转型。落后于竞争对手对世界各地的生产企业来说都是一个挫折。SWOT 和 PESTLE 是重量级的战略工具，对于获得洞察力、利用机遇和减少产业转型的威胁至关重要。深入的研究将带来巨大的收益，中小企业和原始设备制造商可根据需要使用这两种工具，以实现成功的产业转型。

业务用例

制造企业的领导者在流程自动化、流程改进和客户互动方面面临着很多令人头疼的选择，他们必须将多种自我控制结合起来，才能为客户提供最佳服务并对组织产生有意义的影响。产业转型是一段旅程；要到达目的地，正确的路线图对于以可靠的方法推动转型至关重要。路线图从评估现有文化、技能、结构、能力、流程、工作岗位、技术、工作中心、设备和创新成熟度开始，然后对未来愿景、目标和实施计划进行解释。成功取决于如何实施流程转型，并确保人们做好接受转型的准备，并顺应技术进步的趋势前进。考虑流程行业库存管理的业务用例，其中，关联库存计划在库存监控中发挥的最困难和最关键的职责之一就是促进流入供应和流出供应之间的平衡。

商业挑战

库存管理是制造企业应该考虑的一个要点，也是企业发展的一个障碍。库存管理对于提供有效服务、让消费者完全满意、保证装运时间以及控制供应都很重要。库存监测的一个关键功能是掌握现有供应量的可靠快照。库存监督员通过定期的库存分析更新库存数量，并利用有效的供应系统实时记录库存水平，确保企业供应链团队了解其供应链安排的长期精确性。为了正确管理供应链中的流动，企业必须管理上游供应商的交换和下游客户的需求。在未来的智能互联环境中，从事智能制造的制造企业需要持有基本材料、额外组件和成品的库存。

前提条件

传统的库存管理实际上一直是库存监测领域的主要趋势，它能提供更好的预测，显示过去的销售趋势，实时监测及与其他现代技术的整合。传统的库存监测有助于减少人工供应的时间，并使用更准确的数据。随着服务技术的迅速发展，未来的智能互联库存管理将与 AI、ML、IIoT、cobot 和 ESG 以及人类智能一起发挥作用，并将成为常态。

方法

库存管理系统会在每个流程步骤中动态地收集数据。创新使未来的智能库存管理系统成为可能，该系统由 MES、工业控制系统（ICS）、MRP、无线射频识别（RFID）标签、RFID 天线、RFID 阅读器以及工业 4.0 和工业 5.0 技术革新组成。

遵循的步骤如下：

- 重新设计流程；
- 动态跟踪车辆情况；
- 原材料的加工痕迹；
- 使用贯通式称重传感器或平摊式称重传感器进行称重；
- RFID 与工业技术革新一起用于跟踪。

MES 与车辆跟踪系统（VTS）集成，后者负责卡车从入口到出口的移动。将 MES 与 MRP 和 VTS 的信息流整合在一起。系统在生成收货通知单（GRN）之前采集所有原材料收据的实际净重。GRN 生成和库存更新通过自动化过程预防出错。MES 帮助车间人员明确生产计划、配方选择和要生产的最终产品数量，而 MRP 则可确保根据计划部门发布的计划发放原材料。MES 终端在打包机的堆垛机上安装了 RFID 阅读器。安装的称重传感器可以捕获批货物的重量，并标明存放位置。MES 将定期更新 MRP 的库存和生产信息。MES 根据当前运行的方案验证物料，如果输入错误的材料，则会向用户发出警报；它确保了智能互连库存系统的流程验证和性能。联网的数字环境将跟踪所有输入材料的实际总重量，并通过供应商建立材料直至最终成品的可追溯性（见图 7-4 和图 7-5）。

未来的智能库存以实际净重记录动态供应情况。此外，资源的范围也会被实时记录并更新，信号也会通过手机或电子邮件发送给主管、准备人员和库管人员。整个企业的 KPI 和报告可通过动态的 IIoT 控制板和 IIoT 平台实时下发到工厂一级。未来升级的系统将连接起制造企业内的每个部门，这将使基本原材料、成品、在制品以及它们的位置和问题一览无余。未来的智能库存监控系统实时利用框架和互连技术，利用互联智能系统、AI 和 cobot 以及人的连接，使供应处理变得顺畅。该系统促成了一个更智能、更积极的库存系统，任何人在任何地方都可以快速共享和实时访问。反过来，消除了人工操作，利用人类智能，实现一致性，并彻底避免了等待时间、原材料、原材料的人工移动、原材料的储存和库存、流程步骤之间的等待等浪费。

结果

未来基于智能 IIoT 的库存监控和财产跟踪系统通过提供 RFID 标签带来的实时详细信息，对库存进行持续监控。它有助于跟踪资源、在制品和成品的准确位置。因此，制造商可以稳定现有库存量，提高设备的使用率，缩短交付周期，从而避免因不太可靠的手工操作技术而导致的隐性成本，实现原料零浪费，形成一个符合 ESG 标准的生态系统（见图 7-6）。

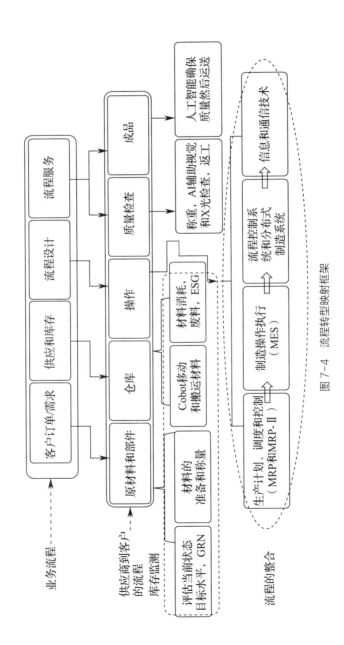

图 7-4　流程转型映射框架

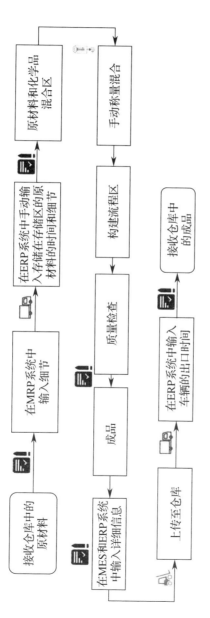

图 7-5　传统的库存监测系统

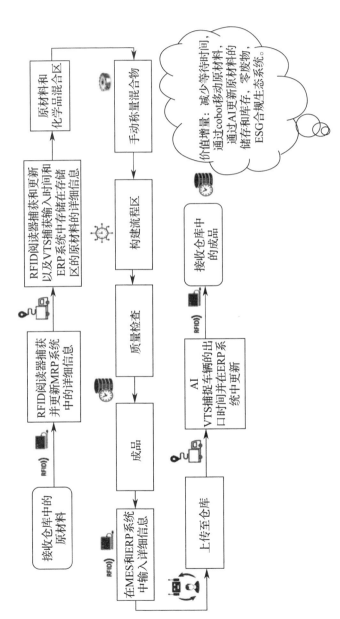

图7-6 未来的智能互联库存监控环境

未来的工作场所

以员工帮助系统为形式的技术开发源于工业转型，随着辅助技术的发展可以产生新的、更优的系统来改变未来的工作场所，使残疾人可以在制造部门工作。另一个需求是开发发现系统，使大学毕业生能够在转型的现代技术中提高自己的技能，从而定期缩小与多变的工作环境之间的差距。工业改进正在改变员工之间以及员工与下一代工具之间的互动。

> 实际上，人工智能已经发展成为工业领域的多种智能连接产品和服务的基础。人工智能与协作机器人、人工智能与生成式设计、人工智能与自我辅助等技术一起，帮助残疾人挖掘工作潜力，为他们提供了参与产业升级的机会。
>
> （Soniet al, 2020）

大多数制造企业开始关注不断进步的健康和安全法规，这些法规可能瞬息万变。如果没有数字设备，员工就无法在未来的生产设施中有效工作。随着更新的技术颠覆性地改变了技术格局，为成本较低的开放式资源创新开辟了道路。中小企业希望降低成本，加快业务流程转型。

总结

　　工业 4.0 向工业 5.0 转型的最终目标是改进工程和制造流程。有鉴于此，关注端到端的持续流程改进、协作和可持续生态系统是明智之举。拥抱组织变革是有效转型的秘诀。工业 3.0 到 4.0 正在改变供应商的运营方式——将物理和数字环境相互融合。同样地，工业 4.0 到 5.0 肯定会产生更高的工作价值，因为人类正在以规划机器人和协作机器人的组合方式重新获得需要创造性思维以提高效率的工作。在整个企业内部端到端的流程中，一切都要利用电子技术的力量和可再生能源转化，从工程设计到生产制造的技术发展。工业 5.0 通过物联网（IoT）/IIoT 和其他各种现代技术创新，将制造企业带入"机器人—人类"这一崭新而又精彩的联合世界，从而以最小的浪费和近乎零失误实现工作的准确和精确性。中小企业、零部件供应商、原始设备制造商只需投入少量资金，便能充分享受这些技术带来的优势。

　　由于计算机这个颠覆式创新的问世，工业 3.0 时代开始动荡。现在，随着工业 4.0 发展，计算机系统被并入网络且彼此之间相互连接，最终在无人参与的情况下做出决策。网络物理系统、物联网以及解决方案互联网的相互融合使工业 4.0 成为可能，智能制造设施成为现实。智能设备在获取更多信息后会变得越来越聪明，在它们的协助下，制造设施最终将变得更有效、更高效且浪费更少。最终，由制造商组成的网络将以数字方式相互连接，并开发和共享整个企业内部的信息，这才是工业 4.0 的真正能量所在。如果说当前的转型强调的是将制造设施转变为使用认知计算机并通过云计算连接的物联网智能设施，那么工业 5.0 准备关注的重点则是将人类的双手和创造性思维回归到工业结构中。如果说工业 4.0 是关于制造商与系统的互连以实现最佳性能，那么工业 5.0 则是通过发展人类与工业 4.0 技术之间的互动，更好地发挥效率、效能和人类智慧。

想象一下，有一种技术可以提供实时、瞬态的详情访问，同时计算机系统仅凭想法就能提供强大的功能。根据美国神经科学家和纳米机器人科学家的最新研究，未来可能会出现一种矩阵式人脑云用户界面，又称思维互联网络。研究人员表示，哪怕只是综合利用人工智能和纳米技术，人类也完全有能力将自己的思想与影子互联网连接起来，从而实时从网络上收集详尽的信息。目前，在经历了工业 4.0 和工业 5.0 之后，思维互联网络一定会把我们带到互联网上，在那里，它也必定能将工业 6.0 革命带入我们的现实生活。除了实现工程和制造效率的新提升之外，你是否还因为能够与全新的现代技术进行数字化协作而感到自豪？如果回答是肯定的，那么我们的观念相互契合，一起在工业转型的旅程中向前迈进吧！